AF367987

EDUCAR I CRÉIXER EN SALUT

El paper de pares i educadors en
la prevenció dels trastorns alimentaris

Edició coordinada per:

Jorge Martínez Fernández
Llicenciat en Ciències Químiques.
Llicenciat en Ciència i Tecnologia dels Aliments.
Instituto Tomás Pascual Sanz para la nutrición y la salud.

Silvia Navarro García
Responsable de projectes socials de FITA.
Treballadora social especialista en trastorns de la conducta alimentària.

Alfonso Perote Alejandre
Llicenciat en Ciències Biològiques.
Llicenciat en Ciència i Tecnologia dels Aliments.
Instituto Tomás Pascual Sanz para la nutrición y la salud.

Montserrat Sánchez Povedano
Presidenta de FITA.
Psicòloga clínica especialista en trastorns de la conducta alimentària.

Autors:

Daniele Cipriano
Psicòleg especialista en trastorns de la conducta alimentària.

Montserrat del Castillo Franco
Psicòloga especialista en trastorns de la conducta alimentària.

Silvia Fernández Millas
Psicòloga especialista en trastorns de la conducta alimentària.

Antoni Grau Touriño
Psicòleg especialista en trastorns de la conducta alimentària.

Txell Lozano Rochel
Educadora social especialista en trastorns de la conducta alimentària.

Maria Monini
Psicòloga especialista en trastorns de la conducta alimentària.

Silvia Navarro García
Responsable de projectes socials de FITA.

Miriam Sánchez Pellisé
Psicòloga especialista en trastorns de la conducta alimentària.

Montserrat Sánchez Povedano
Presidenta de FITA.

EDUCAR I CRÉIXER EN SALUT

El paper de pares i educadors en la prevenció dels trastorns alimentaris

Amb la col·laboració de:

Col·lecció: VITAE
Director: David Soler

EDUCAR I CRÉIXER EN SALUT
El paper de pares i educadors en la prevenció dels trastorns alimentaris
1.ª edició, juliol 2010

© 2010, Instituto Tomás Pascual Sanz para la Nutrición y la Salud
P.º de la Castellana, 178, 3.ᵉʳ dreta - 28046 Madrid
Tel. 917 030 497 - Fax 913 509 218
webmasterinstituto@institutotomaspascual.es - www.institutotomaspascual.es
© 2010, Fundación Instituto de Trastornos Alimentarios
Cavallers, 37 - 08034 Barcelona
Tel. 902 007 778
fita@itacat.com - www.itacat.com/fita
© d'aquesta edició, ICG Marge, SL

Edita: Marge Médica Books - València, 558, àtic 2.ª - 08026 Barcelona
www.marge.es - Tel. +34-932 449 130 - Fax +34-932 310 865

Gestió editorial: Hèctor Soler, Ana Soto, Laura Matos, Anna Palacios
Edició: Sandra Martínez
Traducció al català: Montserrat Soler
Producció editorial: Miquel Àngel Roig
Col·laboració literària: Esther Ollé
Compaginació: Mercedes Lara
Impressió:

ISBN: 978-84-92442-83-6
Dipòsit Legal: B-

Índex

Pròleg

Benvolgut lector:

Els trastorns de la conducta alimentària, entre els quals figuren l'anorèxia i la bulímia nerviosa, són tristament un problema de salut emergent que impacta de manera molt forta en la nostra societat. Tot i els avenços en el diagnòstic d'aquestes malalties, continuen envoltades de tot un cercle de mites, silencis i desconeixement.

Aquests trastorns són summament complexos. És important recordar que tenen més d'un origen i que, si es volen obtenir resultats satisfactoris, s'han d'abordar de manera multidisciplinària.

Exigeixen, per tant, una atenció sanitària i familiar, però també social, cultural i, especialment, educativa. L'educació és una de les eines principals en la prevenció primària dels trastorns de la conducta alimentària i, en aquest sentit, és fonamental educar en hàbits saludables, de manera que quedi implícita l'educació alimentària com a part fonamental de l'educació per a la salut.

Com que la societat és cada vegada més complicada, la tasca de pares i educadors pot resultar molt més senzilla si disposen dels mitjans, la col·laboració i l'assessorament adequats. Des de l'Instituto Tomás Pascual Sanz para la Nutrición y la Salud, fidels al nostre compromís amb la formació i divulgació de la nutrició i la seva relació amb la salut, hem signat un marc de col·laboració amb la Fundación Instituto de Trastornos Alimentarios (FITA), sens dubte els professionals amb més experiència en el tractament de trastorns alimentaris del nostre país, el resultat del qual és aquest llibre que teniu a les mans.

Esperem que resulti un instrument útil, que ajudi pares i educadors a aprofundir en el problema per treballar en la prevenció d'aquests trastorns amb joves i adolescents. També desitgem que serveixi d'eina per als diferents sectors i agents implicats, en la seva lluita per donar resposta a la malaltia amb la sensibilitat que requereix l'especial situació de les persones que la pateixen i de les seves famílies.

Acabem agraint a FITA l'oportunitat que ens ha brindat de treballar junts en aquest llibre, que esperem que sigui només el principi d'una estreta col·laboració entre ambdues institucions.

Una salutació cordial.

DR. RICARDO MARTÍ FLUXÁ
*President de l'Instituto Tomás Pascual Sanz
para la Nutrición y la Salud*

Presentació

Els trastorns de la conducta alimentària tenen un clar augment, principalment entre dones adolescents i joves, i fins i tot infants, a una edat cada vegada més primerenca. Són difícils de tractar per als professionals que ens hi dediquem, comporten greus conseqüències físiques, psicològiques i emocionals per a qui els pateix i també perjudiquen greument el seu desenvolupament psicosocial, afectiu, educatiu i d'identitat. A més, aquests trastorns provoquen alteracions importants en la vida familiar i en l'entorn social de l'afectat.

Per tot això, és important potenciar intervencions preventives efectives que puguin frenar el creixement en la incidència i la prevalença d'aquests trastorns, paral·lelament als esforços que s'han de fer en el tractament i la innovació assistencial de nous recursos i programes.

La prevenció no ha d'anar adreçada només al col·lectiu de risc, en aquest cas la població adolescent, sinó també a pares, educadors, metges d'atenció primària i pediatres. Aquest manual, per tant, està dirigit a tota aquesta població, i també a l'adolescent, amb l'objectiu final de canviar actituds i conductes en l'educació per a la salut que es mantinguin a llarg termini.

Amb aquesta finalitat, el manual ha treballat al voltant del paradigma de promoció de la salut, que fins ara es mostra com la fórmula més eficaç per afavorir una prevenció adequada dels trastorns alimentaris. En aquest sentit, es parla, entre d'altres, d'autoestima i de la seva construcció, d'emocions, de com afavorir hàbits de vida saludables, de com posar normes i límits, i s'informa de quins canvis tenen lloc durant l'adolescència.

El fet d'incloure la família en uns hàbits de vida saludables i aportar informació en aquest sentit, en una etapa tan difícil de la vida dels fills o educands com és l'adolescència, ajudarà sens dubte uns i altres en el procés sorprenent de créixer com a persones, com a família, i en el terreny relacional.

Esperem que aquest manual contribueixi a aquesta finalitat i, sobretot, permeti afavorir el coneixement i la comunicació amb els adolescents en general, i en particular quan comencen a aparèixer o desenvolupar-se certs trastorns de la conducta alimentària.

Aquest llibre s'inscriu en els projectes de prevenció de la Fundación Instituto de Trastornos Alimentarios (FITA), i especialment recull les experiències que els diferents membres de l'equip clínic i social de l'Institut de Trastorns Alimentaris (ITA) han tingut amb pares i educadors al llarg del seu treball diari durant els seus onze anys de funcionament.

Conscients de la inquietud de l'Instituto Tomás Pascual Sanz para la Nutrición y la Salud per les qüestions relacionades amb la salut, firmem aquest primer projecte conjunt, que ha permès conjugar formes de treball i pensament, en la preocupació per aquest col·lectiu de persones afectades no exclusivament en els aspectes nutricionals, sinó també en els psicològics i socials.

Agraïm a l'Instituto Tomás Pascual Sanz para la Nutrición y la Salud el suport i la confiança que han mostrat a FITA, així com el reconeixement al nostre treball, que segur que obrirà futures col·laboracions mogudes per l'interès comú de la promoció de la salut, i esperem que l'esforç realitzat per ambdues entitats sigui d'utilitat per al lector en la seva experiència i relació diària amb joves i adolescents.

MONTSERRAT SÁNCHEZ POVEDANO
Presidenta de FITA

Els trastorns de l'alimentació: la societat, les persones i els valors

Daniele Cipriano, Miriam Sánchez Pellisé
i Silvia Navarro García

> *La preocupació universal per l'educació ha generat un sistema
> d'excuses en el qual tothom dóna la culpa al veí. Els pares a l'escola,
> l'escola als pares, tots a la televisió, la televisió als espectadors, al
> final acabem demanant solucions al govern, que apel·la a la
> responsabilitat dels ciudatans, i tornem a començar. En aquesta
> roda infernal de les excuses podem anar girant fins al dia del judici
> final. L'única solució que se m'acut és no esperar que d'altres
> resolguin el problema, sinó preguntar-me: què puc fer jo, per
> solucionar-ho?*
> *Per educar un infant, cal tota la tribu.*
>
> José Antonio Marina
> *Mobilització educativa de la societat civil*

Els trastorns de la conducta alimentària o TCA es consideren cada vegada més com un trastorn ètnic, és a dir, una manera estructurada d'expressar el malestar en un context cultural particular. En el nostre cas específic, és un trastorn que afecta principalment les societats occidentals denominades del Primer Món (Europa occidental i Estats Units). En les societats desenvolupades, l'obesitat ja és el trastorn nutricional més freqüent en la infància. Això ens indica que el context cultural, social i econòmic té una força important a l'hora de «crear» aquests trastorns.

El malestar psicològic forma part de la condició humana, però la seva manifestació és diferent segons l'època o el context social. Per tant, per comprendre els trastorns de la conducta alimentària, cal veure com el context social «dóna forma» al nostre comportament: per exemple, predisposa a certes actituds respecte al cos i el menjar.

Preguntar-nos sobre el context social en el qual sorgeixen aquests trastorns és preguntar-nos sobre com és l'aire que respirem. Perquè l'entorn social no és una cosa que hi ha «allà fora», aliena a nosaltres, sinó el medi en el qual vivim i interactuem a cada moment.

No som conscients que respirem però, tot i així, ho fem; de la mateixa manera, no som conscients d'estar submergits en un medi que ens transmet constantment actituds, models de conductes, ideals, visions del món i valors.

Els motlles, per dir-ho així, en els quals ens donem forma a nosaltres mateixos són múltiples però, alhora, limitats i codificats pel context cultural en el qual vivim.

És fonamental entendre com el context sociocultural que ens envolta determina les maneres possibles de desenvolupar-nos com a persones.

En aquest sentit, dins de la xarxa complexa de relacions i coneixements que formen una societat, hi ha un element central, que són els valors. Els valors són els pilars per a la construcció de la nostra identitat i el nostre projecte vital.

Els trastorns de l'alimentació i l'obesitat són, d'alguna manera, la manifestació dels valors del món occidental desenvolupat i dels estils de vida que hi predominen. Per això, aquests tipus de trastorn són gairebé exclusius de la nostra societat, de les societats opulentes. Potser són una manifestació dels valors portats a la seva expressió extrema i fins i tot caricaturesca, però parlen amb molta claredat de l'univers de models de conductes respecte al cos i el menjar, de les actituds respecte al futur i dels valors que guien les vides dels joves.

Si ens endinsem una mica més en la descripció del mapa de coordenades que marca el nostre context cultural, descobrim tres característiques d'importància cabdal.

La nostra societat és oberta, complexa i canviant. Oberta perquè estem davant d'una societat amb unes fronteres cada vegada menys definides i més permeables; tant els fluxos migratoris com les noves tecnologies escurcen les distàncies i trenquen barreres de comunicació i intercanvi.

Complexa perquè està submergida en un procés de globalització que ens enfronta cada dia a la difícil tasca de filtrar una allau d'informació i crear tolerància davant de la diversitat; la complexitat, per una banda, ens ofereix múltiples possibilitats de coneixement i descobriment, però, al mateix temps, ens desafia cada dia.

Definitivament, es tracta d'una societat canviant, on el ritme d'«allò que és nou» a vegades supera la nostra capacitat d'assimilar. La impressionant acceleració de la tecnologia i dels mitjans de comunicació (sobretot, els relacionats amb internet) augmenta la distància entre generacions. La facilitat amb la qual les noves generacions emprun la tecnologia els dóna un espai social d'expressió que exclou els adults com no havia passat mai abans.

Una de les conseqüències d'aquest fenomen fa que cada vegada més les cultures juvenils es caracteritzin per definir-se al marge dels adults.

Resumint, ens trobem que, per una banda, els joves (adolescents i preadolescents) respiren uns valors compartits per tots nosaltres i, per

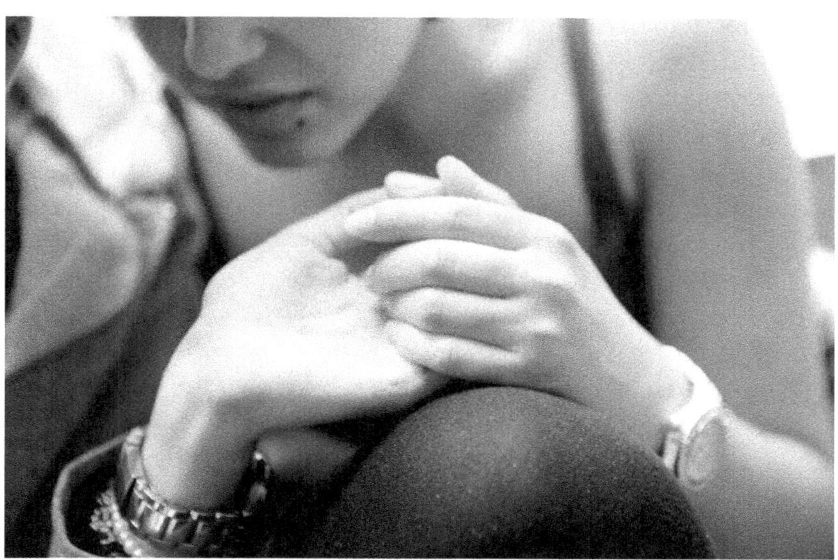

l'altra, viuen en una cultura paral·lela que fomenta l'aïllament del món dels adults. Tots aquests aspectes els desenvoluparem més a fons en capítols posteriors quan parlem de l'adolescència.

Fins aquest punt hem descrit algunes característiques de la societat en el seu funcionament.

Ara aprofundirem en els valors que implícitament i explícita transmet aquesta cultura actual.

Farem referència a una citació per reflectir el que hem exposat fins ara: «*Una primera aproximació al nostre temps exigeix tenir en compte, a més de les vertiginoses innovacions cientificotècniques anteriorment esmentades, que, en la societat on ens ha tocat viure, la cultura hegemònica fomenta ja no valors, sinó contravalors com a forma de vida. En primer lloc, el neoliberalisme imperant promou l'individualisme, la competitivitat extrema, l'obsessió per l'eficàcia, el conformisme, l'oblit dels desafavorits, el triomf del pragmatisme i la mercantilització de la vida quotidiana. En segon lloc, la família ha caigut en una profunda crisi: els pares no assumeixen la seva responsabilitat de ser pares. Finalment, en l'àmbit escolar triomfa la indisciplina i l'apatia [...]*» (Tirado, 2002).

L'individualisme dels drets sembla que és un valor essencial de la nostra societat actual. Aquest principi dicta que cada individu té uns drets bàsics; en el seu sentit positiu declara que tots hem de reclamar el dret de satisfer les nostres necessitats. Queda implícit que als drets els han de correspondre unes responsabilitats.

Però, quan els drets es transformen en simples exigències, es pot arribar a l'extrem de fer desaparèixer els drets dels altres i, sobretot, la pròpia responsabilitat.

Cada vegada més, quan estem davant de joves que pateixen un trastorn de l'alimentació escoltem frases com «*Puc fer el que vulgui amb el meu cos*», «*No em podeu obligar a menjar*»; frases que remeten a un dret, a una llibertat sense responsabilitat envers un mateix ni envers els altres.

Un altre missatge subtil però persistent i omnipresent és evitar a qualsevol preu el patiment, la tolerància a la frustració. El tabú del patiment, per dir-ho d'alguna manera, és un valor que transmetem quan intentem que els fills no pateixin, quan els oferim tot sense esforç, quan dibuixem a través dels mitjans de comunicació un món de felicitat sense ombres.

No és estrany descobrir darrere dels símptomes d'un trastorn alimentari la por de patir, l'intent d'escapolir-se del dolor emocional, la dificultat per tolerar la frustració. Sovint, darrere d'adolescents que pateixen un trastorn de l'alimentació veiem una gran por que paralitza, que els fa defugir les dificultats, els canvis que comporta la transició de la infància a la vida adulta i els nous reptes de la vida quotidiana. Com comentava la Montserrat Sánchez, presidenta de FITA, en una entrevista a *El Periódico*: «*Davant d'aquestes pors, s'aferren a coses concretes i aïllades que creuen que poden controlar i dominar, com són el pes i la figura corporal, l'alimentació*». En aquesta línia també se situa la recerca constant de la satisfacció immediata dels desitjos.

La societat de consum ens empeny a un model de vida que se centra en l'ús ràpid i constant d'objectes, un sistema en el qual l'excés d'oferta i l'abundància fa infravalorar les coses i anul·la el desig de treballar per avançar, per canviar.

Com a conseqüència d'això, el fet d'endarrerir el desig, d'esperar la satisfacció, potser com a fruit d'un esforç, perd sentit i, en canvi, gaudir del que és immediat domina el funcionament individual i col·lectiu.

Es buida de sentit el futur, l'esforç i la disciplina per aconseguir un objectiu a llarg termini. El que importa és aprimar-se ara, agradar i agradar-se ara, malgrat els seus costos futurs, sense pensar en com aconseguir una satisfacció en altres dimensions de la pròpia vida; evitar el patiment ara, tapant el dolor amb el menjar, amb l'obsessió pel pes, la talla, la figura.

La crisi de l'autoritat i la pèrdua de referents també són fenòmens característics de la nostra societat. La generació dels darrers anys noranta ja va ser denominada «generació X» per la seva manca d'implicació ideològica i la pèrdua de referents polítics i religiosos. Més que d'una pèrdua completa de referents, podem parlar més aviat d'una fragmentació d'aquests referents i de la seva relativització.

En els trastorns de l'alimentació molt sovint s'observa que, en el buit de valors «forts», el cos, com a objecte, es transmuta en valor central, en un referent absolut.

En aquest sentit, en la nostra societat hi ha un culte a la imatge, una religió de l'aparença que defineix el cos (el «cos objecte») com a valor. La societat contemporània sembla obsessionada per la imatge, per l'aparença. Els joves troben en la pròpia imatge una dimensió per definir-se, per pertànyer, per diferenciar-se dels adults. Tot això és normal fins que la persona acaba essent només imatge, només aparença, en detriment d'altres aspectes i d'altres valors.

En els últims cinquanta anys, el fet d'estar prim s'està convertint en el primer cànon de bellesa; per tant, quan el cos es converteix en l'eix central de la vida d'una persona, el fet d'estar prim es transforma en l'objectiu per sentir-se bé, per agradar, per desconnectar del patiment.

El culte a la popularitat *(Gran Hermano, Operación Triunfo, Fama,* etc.) sembla que és un nou referent, fins al punt que les coordenades de valors canvien: no hem de ser «bons» ni «honrats», sinó «populars», per exemple. La popularitat entre els iguals és de vital importància i el cos és la moneda de canvi per ser acceptat i per pujar en la jerarquia social.

No podem parlar del panorama social sense parar-nos a concretar el panorama familiar. Així doncs, la família es converteix en un dels principals terrenys on fertilizar per ajudar a créixer, a educar. Dins de la família s'adquireixen primàriament les actituds, les creences, els valors, els hàbits, els comportaments i els estils de vida.

En la mesura en què el model de convivència i el suport parental permetin als fills satisfer les seves necessitats i desenvolupar la seva autonomia, serà menor el risc que s'iniciïn en pràctiques de risc o conductes poc saludables. Són comportaments que, a causa de la desaprovació parental, ja estableixen un allunyament amb poques vies de retorn, si no es treballa per fomentar l'acompanyament en la maduració dels fills.

La màxima protecció de les conductes desviades es veu afavorida per una bona integració en grups potenciadors de conductes sanes, comen-

çant per la família i seguint amb l'escola, amb la seva funció educadora i formadora, ambdues amb la funció de crear persones i ciutadans.

Grups que manifestin expectatives de comportaments positius en els seus membres. Grups que donin l'oportunitat al jove de sentir-se protagonista, d'implicar-se i d'actuar. Grups que ofereixin els mitjans per potenciar les destreses, de manera que el jove se senti reconegut i valorat per això.

Per la seva banda, l'escola s'erigeix com a motor de canvi social i, alhora, com a facilitadora d'actituds i valors positius cap a una vida saludable. L'escola és l'àmbit idoni per desenvolupar estratègies que impulsin canvis en els estils de vida i en les conductes dels nostres joves (Tirado, 2002).

Tal com esmentàvem en un principi, vivim en una època de canvi permanent i aquest canvi ha provocat que les famílies tinguin dinàmiques diferents a les de fa un segle i fins i tot una dècada. Amb el canvi d'aires apareixen nous models de vida que, al seu torn, obliguen a un canvi de costums i de contactes personals.

Les noves famílies d'avui (de pares separats, reconstituïdes, monoparentals, etc.) marquen diferències en la interacció paternofilial. Davant d'aquestes diferències, hem de fomentar l'adaptació de recursos per preservar l'essència de l'educació. No tots els valors que van ser vàlids per als pares en el seu creixement han de ser-ho per als seus fills i, al mateix temps, no tots els valors dels fills s'han d'acceptar sense límits o rebutjar-los sense atendre la informació que ens estan donant.

La família ha de ser conscient que els fills creixen molt connectats amb l'exterior gràcies, sobretot, a les noves tecnologies i, abans encara, a la televisió. Això no vol dir que la família no tingui la responsabilitat d'ensenyar la gestió del coneixement que entra per «les portes tecnològiques» i d'afavorir la racionalitat i la capacitat crítica. En definitiva, d'ensenyar a aprendre.

La representació pot substituir el contacte directe i, per tant, es poden perdre els beneficis de compartir. De manera que unes eines afavoridores de l'aprenentatge i el contacte social es converteixen en eines que construeixen murs, que aïllen i que poden arribar a suprimir altres formes de contacte si no en limitem l'ús i compartim amb els joves el ciberespai.

Pot ser difícil trobar la manera d'estar present en la vida d'un fill adolescent quan un dels dos pares no té la presència diària o quan ambdós han d'estar fora de casa per motius laborals. En un moment tan complex com pot ser l'adolescència, no tenir el temps, l'energia, la voluntat o els recursos pot dificultar que la trobada entre pares i fills continuï essent un espai d'acolliment, límits i confrontació positiva. Aquí ressorgeix la idea i el concepte de la qualitat del temps que passem amb ells, més que la quantitat. El món en el qual vivim és el que és i, en qualsevol cas, cal buscar les estratègies per fer possible l'educació dels fills adaptant-nos al temps disponible i a les influències de l'entorn.

Per sort, davant d'aquest nou aire de molècules tan complexes, ens trobem amb persones preparades i sensibles per enfrontar-se al canvi i seguir educant posant límits, donant afecte.

A continuació centrarem la nostra atenció en diversos temes relacionats amb l'educació dels infants i els adolescents, amb el seu creixement i amb la seva formació com a persones.

Per entendre'ns: què són els trastorns de la conducta alimentària

Silvia Fernández Millas

Et sents perduda, espantada, increïblement sola i profundament trista.
No importa el que et diguin; tu només vols estar prima.
[...]
Vaig començar aixecant-me un matí plorant per anar al centre de
tractament.
I ha arribat el dia en què em veig com una persona
a qui val la pena cuidar i estimar.
[...]
Lluitar per la meva vida és el millor que he fet mai.

S. G. (ja recuperada de la seva anorèxia nerviosa)

Què són els trastorns de la conducta alimentària?

Mites i creences sobre els trastorns de la conducta alimentària

Per a l'elaboració d'aquest manual hem volgut reflectir què pensa la població sobre els trastorns de la conducta alimentària per esbrinar què s'entén sobre aquesta problemàtica. Considerem necessari, per a la detecció precoç d'aquesta malaltia, que la societat pugui entendre de què estem parlant, atès que l'inici de l'aparició de la malaltia s'està avançant, que un de cada cinc joves està en risc de patir un d'aquests trastorns i que s'han convertit en la tercera malaltia crònica més freqüent entre els joves.

A continuació mostrem algunes de les definicions obtingudes d'un qüestionari formulat a la gent del carrer:

- «*Menjar molt i malament.*»
- «*Persones que tenen un trastorn d'imatge distorsionada i deixen de menjar perquè sempre es veuen grasses.*»
- «*Són persones que tenen problemes a l'hora d'ingerir aliments.*»
- «*Són aquells trastorns que fan que la gent no mengi correctament, a vegades poc, a vegades molt, a vegades impulsivament.*»
- «*Quan no es menja el que s'ha de menjar i sense ordre.*»
- «*És el manteniment d'hàbits alimentaris inadequats, ja sigui per quantitat o qualitat, de manera persistent en el temps i que poden arribar a causar problemes de salut, tant físics com psicològics.*»
- «*Menjar incontroladament.*»
- «*Una malaltia mental de conseqüències molt greus.*»

Davant d'aquestes definicions, podem afirmar què *no* és un trastorn de la conducta alimentària:

- No és un problema que es limiti ni al fet de deixar de menjar ni al fet de menjar de manera descontrolada.
- No té a veure únicament i exclusiva amb l'aparença física.

I... què saben sobre la seva malaltia les persones que pateixen aquests tipus de trastorns?:

- «*El trastorn alimentari és més que un cos prim, és un infern, un cercle viciós de dietes, dejunis, afartaments, vòmits, soledat i ingressos psiquiàtrics que et destrueix portant-te en silenci a un suïcidi lent i molt dolorós.*»
- «*És un cúmul de mofes, menyspreus, desenganys, pèrdues d'éssers estimats, comparacions..., un maltractament continu... on busques alguna cosa on aferrar-te per sentir-te segura..., és quelcom que es va convertint en un pou sense fons, un cercle viciós..., és una sensació d'impotència, de ràbia, de fàstic.*»
- «*És una obsessió, un caos, una rutina mortal i fastigosa. És la necessitat de controlar tot el que faig i el que fan els altres. És fer-me*

fàstic i aixecar-me cada matí amb una sensació de buit i soledat. És ràbia per tot i por, molta por de viure i a ser rebutjada.»

Definim què són els trastorns de la conducta alimentària

Es tracta de trastorns mentals greus que es caracteritzen per una por fòbica d'engreixar-se o de guanyar pes i que comporten greus alteracions en els hàbits d'ingesta o mètodes per compensar-la (purga).

Entenem que l'obsessió pel fet d'estar prim és la punta de l'iceberg, és la manifestació que hi ha alguna cosa en les seves vides que no funciona. És, en moltes ocasions, una demanda d'ajuda, una queixa, un senyal que ha de ser detectat.

En el trastorn alimentari, la persona intenta establir una identitat personal modificant la seva imatge corporal. Creu que se sentirà més segura si està més prima. A través del control de la seva imatge corporal sent que controla algun aspecte de la seva vida. El resultat és que tota la seva vida i el seu control giren al voltant del control alimentari. Quan això comença a passar, es pot parlar de l'aparició d'un trastorn.

Quins tipus de trastorns alimentaris hi ha?

Els trastorns de la conducta alimentària inclouen diferents tipus de manifestacions clíniques, al voltant de les quals distingim entre:

- Anorèxia nerviosa.
- Bulímia nerviosa.
- Trastorns de conducta alimentària no especificats.

En nombroses ocasions, en la pràctica clínica és difícil distingir casos purs, ja que és habitual que, al llarg de la vida, la persona afectada vagi evolucionant d'una forma de trastorn alimentari a una altra. De fet, pràcticament la meitat dels pacients amb anorèxia nerviosa desenvolupen signes bulímics i alguns pacients, inicialment amb bulímia nerviosa, presenten, en la seva evolució, trets anorèctics. Així mateix, alguns pacients, ja siguin els més joves o aquells que estan «subjectes» a més tractaments, mostren una simptomatologia que no es pot classificar clarament com d'anorèxia o de bulímia, de manera que se'ls diagnostica un trastorn de conducta alimentària no especificat o TCANE.

L'anorèxia nerviosa

Podem dir que algú pateix anorèxia nerviosa quan:

- Rebutja mantenir-se en un pes corporal normalitzat, tenint en compte la seva edat i alçada.
- Sent una por intensa a guanyar pes o creu que el fet de menjar el pot convertir en una persona obesa.
- Distorsiona la seva imatge corporal (es veu més gran del que és realment) i la seva autoestima està centrada en l'aparença física.
- Desapareix la menstruació (amenorrea) en aquelles persones que ja la tenien o hi ha un retard en la seva aparició a causa de la desnutrició.

N'hi ha dos subtipus:

- *Restrictiva:* quan la persona va reduint progressivament la quantitat i el tipus d'aliments i no recorre ni a conductes d'afartaments ni de purgues.
- *Purgativa:* quan es recorre als afartaments i a les purgues com a mètode per perdre pes.

La bulímia nerviosa

Considerem que algú pateix bulímia nerviosa quan:

- Recorre a afartaments de manera habitual, entenent per afartament el fet d'ingerir una quantitat important de menjar en un termini curt de temps amb la sensació de pèrdua de control sobre la ingesta (sentiment de no poder parar de menjar o no controlar el que es menja).
- Utilitza conductes malaltisses per compensar l'afartament (purgues, dejuni, exercici físic...).
- Ho fa almenys dues vegades per setmana durant tres mesos.
- L'autoavaluació està determinada pel pes corporal.

També n'hi ha dos subtipus:

- *Purgativa:* quan s'utilitzen conductes purgatives per compensar els afartaments.
- *No purgativa:* quan s'utilitzen altres estratègies de compensació (dejuni, exercici físic...).

Recordem que quan hi ha persones que no compleixen algun dels criteris de l'anorèxia o de la bulímia nervioses, parlem de trastorns de la conducta alimentària no especificats, que són els més habituals en l'actualitat, ja que la gran sensibilització que hi ha amb aquest tipus de trastorn condueix a un diagnòstic precoç que ajuda a aturar el progrés de la malaltia.

Per què apareix un trastorn de la conducta alimentària?

Hem recollit l'opinió de persones del carrer per conèixer de primera mà què opinen sobre les causes de l'aparició d'un trastorn de l'alimentació. Aquestes han estat les respostes:

- *«Crec que la manca d'afecte, per això intenten cridar l'atenció de l'única manera que poden.»*

> — «*Poden ser moltes i diverses: baixa autoestima, persones que són molt exigents amb elles mateixes, és una manera de canalitzar (afrontar) els problemes familiars, etc.*»
> — «*Les causes són sempre de tipus psicològic.*»
> — «*L'ansietat i l'ambient.*»
> — «*Mals hàbits alimentaris, trastorns psicològics, malalties endocrinològiques o problemes socials i familiars.*»
> — «*Complexos, mitjans de comunicació, culte a la bellesa i el cos. Autoestima baixa. Deixar que els adolescents mengin sols. No donar al menjar la importància que té per a la salut.*»
> — «*Un desequilibri emocional a causa d'un problema personal amb la família, amb les amistats o amb el món que t'envolta. Una distorsió de la realitat.*»
> — «*Publicitat, immaduresa, modes.*»
> — «*Autoestima baixa.*»

Els trastorns de la conducta alimentària són molt complexos i darrere de la seva aparició no hi ha una única explicació. Tot i que són freqüents els missatges que culpen, per una banda, la moda o, per l'altra, determinades formes de relació i educació familiar com a únic component causal, el cert és que l'únic que determina realment l'inici d'un trastorn d'aquest tipus és la convicció de començar una dieta amb la finalitat de millorar la imatge que un té de si mateix i poder-se sentir millor. Els factors que determinen l'aparició dels trastorns alimentaris són els que es relacionen amb la fragilitat que té l'individu per caure submisament en els missatges mediàtics i del grup al qual pertany, imitant els comportaments dels altres sense cap crítica i sense tenir en compte les seves necessitats.

Tots els factors que determinen els trastorns alimentaris es poden agrupar en tres categories:

> — *Factors de predisposició:* són els que es relacionen amb la vulnerabilitat de la persona per patir el trastorn.
> — *Factors desencadenants o de precipitació:* recullen totes aquelles si-

tuacions d'estrès que afavoreixen l'aparició del trastorn en un moment concret.
- *Factors de manteniment:* una vegada declarat el trastorn, reuneixen totes aquelles situacions o vulnerabilitats que afavoreixen que el trastorn es perpetuï. Aquí s'hi podrien incloure factors de predisposició i desencadenants ja recollits anteriorment.

Factors de predisposició

Context social

En la nostra cultura, s'han associat al fet d'estar prim altres valors com l'èxit, la riquesa i la vàlua professional, familiar i personal en general.

S'han anat transmetent uns valors que han fet que l'individu mesuri la seva autoestima sobre la base de la satisfacció que sent només pel seu cos, pel valor que concedeix a la seva imatge corporal. La satisfacció personal esdevé inestable perquè es construeix en funció d'un pes objectiu patològic, d'una etapa de vida només jove, d'un estat físic ideal. El jo es construeix sobre uns pilars fràgils, els valors personals són efímers i, d'aquesta manera, l'autoestima de la persona està subjecta al fracàs.

Dificultats en les relacions familiars

Aquí s'inclouen totes les problemàtiques en el funcionament del sistema d'una família, des de problemes en les seves relacions fins a l'execució del rol de cadascun dels seus membres, que puguin perjudicar el desenvolupament adequat del possible afectat d'un trastorn alimentari i fer-lo més vulnerable.

Aquí hi podem incloure:

- Famílies que no han potenciat la individualitat i l'aprenentatge de límits en els seus fills.

- Famílies protectores en excés, que volen evitar el mínim malestar emocional als seus fills.
- Famílies que donen autonomia als fills massa aviat o que els deixen decidir massa aviat.
- Famílies que no donen gaire importància a les necessitats emocionals o físiques dels fills.
- Famílies que eviten conflictes. Es relacionen amb dificultat per expressar emocions i s'estableixen aliances ocultes entre cada progenitor i qui pateix el trastorn per solucionar altres problemes dins del sistema familiar.
- Dificultats en el procés d'autonomia. Els fills no es poden individualitzar perquè no es respecta la intimitat ni els límits de cadascú. Tot acaba essent propietat conjunta, cosa que fa que els fills desenvolupin por de l'exterior.
- Negligència física o afectiva.
- Importància excessiva de la imatge corporal en la família i problemes alimentaris en la família.

Predisposició genètica

- **Predisposició personal**
  Inclou una sèrie de característiques i competències personals relacionades amb la capacitat per defensar-se de la influència social i familiar, amb els recursos psíquics de cada individu i amb la manera habitual d'afrontar els problemes quotidians i que formen la fragilitat, més gran o més petita, d'una persona.

- **El temperament**
  Està determinat genèticament i condiciona la manera com es regulen les emocions.

- **L'estil cognitiu**
  Constitueix la manera com les persones pensen i elaboren els seus conceptes tant sobre si mateixes com sobre els altres i el món que els envolta.

- **L'autoestima**
  Assumeixen fàcilment l'exigència de perfecció per obtenir el cos que s'han proposat. Normalment estan massa subjectes a l'aprovació dels altres, dominats per un sentiment constant d'inferioritat, molt sensibles a la crítica dels altres, amb por al rebuig i escassa tolerància a la frustració.

Factors desencadenants

Pressió per aprimar-se

- Mofes del grup d'iguals.
- Comentaris excessius dins del nucli de la família sobre el cos o certes parts del cos.
- Importància excessiva de la família en l'estètica i la bellesa corporal.

- Missatges a la família en els quals es vincula, en excés, pèrdua de pes i dieta amb força de voluntat i altres atributs o qualitats morals positius.
- Comentaris excessius en el grup d'iguals o la família sobre el menjar «*light* o baix en greixos» com l'únic menjar «sa», «bo» o «net».
- Excessiva informació preventiva, tant pel que fa als trastorns de la conducta alimentària com a la informació sobre alimentació sana. Llegida en extrem és perillosa.

Situacions vitals d'estrès

Qualsevol canvi vital, incloent-hi els positius, però que en determinats perfils poden produir l'aparició d'un trastorn de la conducta alimentària. També són els responsables de l'agreujament de quadres de trastorns latents, en dones més grans, que es van iniciar en l'adolescència:

- Separació matrimonial o casament.
- Embaràs.
- Maduració, pèrdua de la joventut.
- Viatge d'estudis a l'estranger.

Factors de manteniment

El factor que més afavoreix el manteniment dels trastorns de la conducta alimentària és la perpetuació de la dieta, d'unes pautes alimentàries inadequades. Aquesta dieta restrictiva produeix una sèrie de canvis biològics i psicològics que interfereixen en el bon funcionament mental i corporal. Per això, l'individu continua:

- Negant el que li passa. No té consciència clara de malaltia. No és capaç de canviar el que pensa.

- S'obsessiona cada vegada més pel menjar.
- Les seves capacitats cognitives i la seva capacitat d'abstracció s'empobreixen.
- A mesura que augmenta la restricció, augmenta el risc del descontrol alimentari i la por de guanyar pes.

A continuació, exposem el testimoni de noies que pateixen la malaltia:

- *«A vegades em costa arribar a entendre per què m'ha passat això. La meva infància va ser bastant desafortunada. Mai rebia paraules boniques, carícies o valoracions. Feia esforços però tot eren retrets, insults, maltractaments i angoixa. Amb el temps, això es va anar acumulant en el meu interior sense sortir mai a l'exterior. Crec que hi va influir la família i els seus problemes del passat. L'odi a la vida i la culpabilitat per tenir-la, la relació nefasta entre els meus pares i el meu germà, els amics amb els quals gairebé mai no m'entenia, la meva manera de ser tancada que va fer que la malaltia augmentés en pocs mesos. Et centres en el pes, a voler estar més prima, és l'únic que controles. Tant te fa si la gent et veu prima, perquè tu no aconseguiràs mai veure't prima. Les emocions desapareixen, els sentiments es confonen fins que deixes de sentir felicitat, il·lusió…, fins que et vas apagant.»*
- *«La meva anorèxia té a veure amb la meva por de créixer i el meu perfeccionisme. No tinc autoestima. Em fa pànic relacionar-me amb tothom, especialment amb els nois.»*

Conseqüències de patir un trastorn de la conducta alimentària

Les manifestacions clíniques dels trastorns alimentaris no només es produeixen en l'àrea física o mèdica, sinó també en la conductual, cognitiva o del pensament, psicològica i relacional o social. És per això que quan parlem de complicacions ens hem de referir a diferents àrees.

No totes les persones pateixen els mateixos canvis ni els pateixen amb la mateixa intensitat, però conèixer alguns d'aquests canvis i els motius pels quals succeeixen ens pot ajudar a detectar que hi ha un problema.

- **Canvis físics**
  La mortalitat se situa entre el 5 i el 10 %.

- **Per la desnutrició**
  Quan existeix restricció alimentària i un pes baix, cal destacar, entre d'altres:

  - Amenorrea o desordres menstruals: pèrdua o irregularitats del cicle menstrual.
  - Deficiències de calci, problemes ossis.
  - Alteracions circulatòries (fred, penellons...), aspecte facial «pansit» i lanugen (pèl moixí en el cos).
  - Ungles dèbils, pell seca i clivellada, cabells secs i sense brillantor.
  - Insomni, trastorns del son en general.
  - Trastorns gastrointestinals, dolor d'estómac.
  - Augment del nivell de colesterol.
  - Hipoglucèmia.
  - Retard de la pubertat.
  - Hipotensió, bradicàrdia, arítmia.
  - Disminució de la mida del cor.
  - Pseudoatròfia cerebral.
  - Anèmia i leucopènia.
  - Diabetis insípida.
  - Insuficiència renal.
  - Osteopènia.
  - Restrenyiment i obstrucció intestinal.

- **Per la pràctica d'afartaments i vòmits autoinduïts**
  - Disminució de les defenses, problemes hematològics (anèmia…).
  - Erosió de l'esmalt dental, úlceres a la boca.
  - Restrenyiment crònic.
  - Ronquera crònica de la veu.
  - Arítmies cardíaques.
  - Deshidratació.
  - Alteracions electrolítiques greus (hipopotassèmia). Risc de neuropatia hipopotassèmica.
  - Esofagitis, gastritis.
  - Rectorràgies per abús d'ènemes i laxants.
  - Pancreatitis.
  - Prolapse de l'anus.
  - Inflamació a les glàndules salivals.
  - Adenopaties submandibulars.
  - Crisis convulsives.
  - Alteracions menstruals.
  - Problemes de fertilitat.

- **Canvis emocionals / alteracions psicopatològiques**
  - Canvi en el caràcter: susceptible, irritable, malhumorat.
  - Depressió, tristesa, desànim.
  - Ansietat.
  - Idees, rituals, obsessions i compulsions.
  - Sentiment de culpabilitat.
  - Gran inestabilitat emocional.
  - Idees de suïcidi.
  - Alteracions en la imatge corporal.
  - Alteracions en els senyals interns que envia el propi cos, com són la sensació de gana, la sacietat, la fatiga o la debilitat física.
  - Trastorns d'ansietat i, en concret, fòbies diverses relacionades amb la por de guanyar pes i certs aspectes del seu cos.

- Trastorns depressius.
- Manca de consciència de malaltia.
- Tendència a la manipulació, l'engany i les mentides amb la família i amics, amb la finalitat d'encobrir les alteracions conductuals descrites anteriorment.
- Risc de suïcidi i conductes autolesives.
- Disminució de l'atenció, de la concentració i, conseqüentment, del rendiment.

- **Canvis cognitius**
  - Pensaments negatius amb relació al cos.
  - Distorsions de la imatge corporal.
  - Dificultat per identificar, reconèixer i expressar els seus sentiments.
  - Autoestima negativa.
  - Empobriment de la creativitat i de la fantasia.
  - No perceben correctament les sensacions de gana i sacietat.
  - Dificultat per concentrar-se i errors de memòria.
  - Generalitzacions excessives: d'una idea, normalment referida al menjar, al cos o al pes, n'extreuen una norma. Per exemple: *«Quan menjava pasta estava grassa; o sigui, que no he de tornar a menjar pasta».*
  - Magnificació de les conseqüències negatives: pensar en conseqüències exagerades i relacionades amb la pèrdua de control a partir d'un fet aïllat. Per exemple: *«Si augmento un quilo seguiré guanyant pes fins a fer-me obesa.»*
  - Pensament dicotòmic: pensar en termes absoluts. Per exemple: *«Si no puc organitzar els meus menús perfectament, aleshores no podré controlar la meva alimentació.»*
  - Pensaments supersticiosos i sentiments d'ineficàcia: pensar que les coses no depenen d'idees d'autoreferència i que el món gira al voltant d'un mateix. Per exemple: *«Quan vaig pel carrer tothom em mira»* o bé *«Quan estava més prima tenia més amics».*

- **Canvis conductuals**
  - Conductes anòmales en relació amb el menjar.
  - Dieta rigorosa. La persona selecciona només determinats aliments o determinades maneres de cocció per a aquests aliments, o bé menja de tot, però només en quantitats molt petites.
  - Preocupació constant pel pes (lectures, dietista...).
  - Modificació del ritme de les ingestes (trossejar en excés, manipular el menjar, lentitud en la ingesta...).
  - Conductes dirigides a aprimar-se que compensin el que es menja (conductes de purga com el vòmit, l'ús de laxants, diürètics, pastilles anorexígenes, estimulants...).
  - Refugi en els estudis.
  - Aïllament social i familiar.
  - Augment de la pràctica de l'exercici físic.
  - Pesar-se i comprovar mesures del cos.
  - Empitjorament de les relacions familiars i socials.
  - Episodis d'afartaments.
  - Impulsivitat.
  - Mentides, robatoris.
  - Abús d'alcohol i altres drogues.
  - Promiscuïtat sexual.
  - Autolesions.

- **Canvis sociofamiliars**
  - Tendència a l'aïllament social. Normalment disminueix l'interès pel grup d'iguals.
  - Excepcionalment es pot donar més freqüència de cites socials i de vida social.
  - Més aïllament de la família. L'afectat està més temps tancat a la seva habitació.
  - Més conflictivitat familiar.
  - Més dificultat per acceptar les normes i els límits.
  - S'agudtizen les dificultats pròpies del moment evolutiu.

Com detectar un trastorn de la conducta alimentària: senyals d'alerta

Els canvis exposats en l'apartat anterior ens poden servir com a senyals d'alerta, si bé és cert que alguns es produeixen a mitjà o a llarg termini, especialment les seqüeles físiques causades per la desnutrició o la poca cura amb el cos.

- **En relació amb l'alimentació**
  - Utilització injustificada de dietes restrictives.
  - Estat de preocupació constant.
  - Interès exagerat per receptes de cuina.
  - Preferència per menjar sol.
  - Interès per cuinar per als altres i posar excuses per no menjar (dir que ja ha menjat fora de casa, que menjarà després amb algú, que es troba malament...).
  - Sentiment de culpa per haver menjat.
  - Comportament alimentari estrany.
  - Marxar de la taula i tancar-se al lavabo després dels àpats.

- **En relació amb el pes**
  - Pèrdua injustificada o detenció de l'augment de pes.
  - Por o rebuig exagerats respecte al sobrepès.
  - Pràctica del vòmit autoinduït.
  - Pràctica del dejuni.
  - Utilització de laxants o diürètics amb l'objectiu de controlar o perdre pes.

- **En relació amb el cicle menstrual**
  - Retard en l'aparició de la primera regla.
  - Falta de la menstruació.

- **En relació amb la imatge corporal**
  - Percepció errònia de tenir un cos obès.

  – Intents d'amagar el cos amb l'ús de roba ampla, evitant el banyador, etc.

- **En relació amb l'exercici físic**
  – Fer exercici en excés i mostrar nerviosisme si no s'executa.
  – Ús exagerat de l'exercici per aprimar-se.

- **En relació amb el comportament**
  – Insatisfacció personal constant.
  – Estat depressiu i irritable, amb canvis d'humor freqüents.
  – Disminució de les relacions socials, amb tendència a l'aïllament.
  – Augment aparent de les hores d'estudi.
  – Dificultat de concentració.

Passos que cal seguir quan sospitem d'un possible trastorn de la conducta alimentària des de la família o des de l'escola

- És probable que la persona que pateix un trastorn alimentari ho negui, no ho entengui com un problema i, per tant, no vulgui rebre ajuda, fet que percebrà com una cosa que va en contra del que vol aconseguir.
- Mantenir la calma i actuar amb fermesa, però evitant la confrontació directa, sense que això signifiqui evitar el problema i permetre que es mantingui.
- Demanar ajuda professional per poder realitzar un bon diagnòstic diferencial, ja que cal tenir en compte que poden existir múltiples causes físiques o orgàniques que afavoreixin la pèrdua de pes (diabetis, desequilibris hormonals...).
- Consultar professionals especialitzats en la matèria i, si és necessari, realitzar alguna consulta sense la persona afectada, per aconseguir un assessorament complet sense les possibles interferències d'oposició de la persona que pateix el problema.

- No és possible sortir sols del problema, per la qual cosa, una vegada confirmat el diagnòstic, cal iniciar el tractament que els professionals hagin indicat com a adequat. L'enfocament terapèutic més adequat és el que entén el trastorn alimentari com un problema biopsicosocial i, en conseqüència, és realitzat per un equip multidisciplinari, format sobretot per psicòleg, metge i psiquiatre.

Idees clau

- Els trastorns de la conducta alimentària són alteracions mentals greus caracteritzades per un temor fòbic de guanyar pes que comporta greus alteracions en els hàbits alimentaris.
- Hi ha tres tipus de trastorns de la conducta alimentària: anorèxia, bulímia i trastorns no especificats.
- És important entendre que la malaltia va més enllà de l'obsessió pel fet d'estar prim. En general, existeix un dèficit d'autoestima greu i una gran dificultat per canalitzar les emocions que provoca un gran patiment intern.
- És una malaltia multicausal. Existeixen tres tipus de factors causals: de predisposició, desencadenants i de manteniment.
- Les conseqüències de patir un trastorn alimentari es manifesten en els àmbits físic, emocional, cognitiu, conductual i sociofamiliar.
- Existeixen senyals d'alerta que ens ajuden a detectar un possible risc de patir un trastorn de la conducta alimentària: canvis en els hàbits alimentaris (ús de dietes injustificades, etc.), canvis de pes sense explicació aparent, problemes en la menstruació, dificultats en la relació amb la imatge corporal, obsessió per l'exercici físic, conductes extravagants o estranyes que habitualment la persona no feia.
- La negació de la malaltia n'és un dels símptomes principals.
- Davant la sospita d'un possible trastorn alimentari, s'ha de demanar ajuda al professional adequat per fer una avaluació completa i valorar la gravetat del cas.
- Mantenir la calma és important per al bon pronòstic del pacient.

«Això» de ser adolescent...

Miriam Sánchez Pellisé i Txell Lozano Rochel

No serà mai més la infància i no és encara l'edat adulta.

Huerre *et al.*

Sovint la visió adulta de l'adolescència és catastròfica, és una etapa de la vida dels nostres joves que mares i pares, mestres, educadors, etc., temem. L'entenem com una etapa de conflictes constants amb els «adolescents». Ens oblidem de quan vam ser adolescents, de la diversitat de l'adolescència, dels nous descobriments, dels canvis físics i psíquics als quals ens vam veure sotmesos, de la relació que vam tenir amb els nostres pares, oblidem tot el que se'ns va remoure per dins, les nostres angoixes, els dubtes, les pors, les alegries, els descobriments, la nostra idea de canviar el món, de relacionar-nos amb els altres, de descobrir la nostra sexualitat, de preguntar-nos «qui sóc, què vull i on vaig».

Podem definir l'adolescència com el període de la vida que ve després de la infància i precedeix l'edat adulta, abraçant des de la pubertat fins al desenvolupament complet de l'organisme. Definim l'adolescència pel que no és i no pel que és. Això ja ens pot orientar una mica respecte a la dificultat d'entendre, explicar i comprendre aquesta etapa de la vida. Tots aquells que ja som adults ho hem viscut i tenim una experiència de primera mà, però si ens comparem amb la resta d'adults que tenim al costat, de seguida ens adonarem que no hi ha dues adolescències iguals.

Per això, abans de parlar del que és i del que no és ser adolescent, cal acceptar a priori la diversitat d'adolescències existents. La visió adulta sovint percep els adolescents com un grup homogeni amb les mateixes característiques i a qui penja les mateixes etiquetes: *són rebels, no fan cas de res, se salten les normes, no saben el que volen, no hi ha qui els entengui...* Hem de fugir d'aquesta visió simplificada amb la finalitat de conèixer realment l'adolescent que tenim al davant. Aquest és únic, i tot i que en aparença ens pugui semblar una «fotocòpia» de l'adolescent que té al costat, hem de fer l'esforç d'observar profundament i veure la diferència que el defineix. Només d'aquesta manera serem capaços d'entendre'l, de conèixer-lo i d'aproximar-nos-hi.

Com diu Funes (2004), *«cada adolescent és un món [...] ens va conduir a parlar de contextos, a descobrir que les maneres de ser adolescent, les maneres d'exercir la condició adolescent, depenien de com es conformaven els contextos vitals».* Per a l'autor, parlar de contextos és parlar de l'espai, físic o no, on l'adolescent es mostra, es posa en joc, s'ubica, es defineix, actua, es referma.

Segons Funes, aquest context s'estructura tenint en compte tres variables:

- L'*extracció social,* entesa com l'origen social dels pares, condicions socioeconòmiques i eines socials i culturals a les quals tenen accés. Serà en funció d'aquest aspecte que l'adolescent coneixerà per on s'ha de moure, quin tipus de persona es mourà en el seu entorn, què és el que d'una manera o una altra se n'espera, quina serà la pauta que haurà de seguir. En paraules de l'autor: *«La condició social determina quin tipus d'adolescent es pot ser, quin tipus és abastable, quines adolescències entren en relació i quines s'ignoraran sempre».*

- Les *dinàmiques* que es produeixen entre els diferents membres que formen l'extracció social produiran una adolescència o una altra. Relacionar-se i formar part d'una manera de ser adolescent o d'una altra implica ser adolescent d'una manera o d'una altra.

- El *clima* en el qual es produeix l'adolescència, l'entorn en el qual es participa i el paper que tenen els adults fan que estimulin, limitin o centrin les seves actuacions, donant un sentit o un altre a les confrontacions que es produeixen o es puguin produir.

Etapes de l'adolescència

Així doncs, abans de parlar dels adolescents, hem de tenir en compte aquests tres aspectes que ens ajudaran a entendre'ls en el procés de canvi de la infància a la vida adulta. Aquest procés podríem dividir-lo en molts temps una altra vegada, depenent de la realitat de la persona, però com a referència esmentarem tres estadis diferents que, abans o després, més duradors o menys, expliquen la seqüència per la qual passarà la majoria.

L'adolescència inicial

Moment caracteritzat principalment pels canvis físics tant interns com externs. Per a cada adolescent sol ser diferent, però una orientació dels temps indica que les nenes entren en l'adolescència entre els 11 i els 13 anys i els nens entre els 13 i els 15 anys.

Segons com succeeixin aquests canvis i segons com hi reaccioni l'adolescent, el condicionaran d'una manera més positiva o menys.

Hem de tenir en compte que el canvi físic no sempre es correspon amb el psicològic. Ens trobem moltes formes d'adolescents; per exemple: joves amb cos de dona però amb responsabilitats, consciència i funcionaments infantils. No compta només l'edat que tinguin, o la imatge... No sempre es correspondrà l'edat psicològica amb la madurativa.

Els ritmes de canvi individual poden condicionar el creixement tant com sigui de diferent el ritme en el grup d'iguals. Si un es desenvolupa abans que els altres pot sentir estranyesa o vergonya, i si ho fa més tard també, per no compartir el que els està passant als altres.

En aquest moment, l'entorn sol fer comentaris sobre la imatge de l'adolescent, però aquests comentaris no sempre seran ben rebuts i poden influir greument en la construcció d'una imatge positiva d'un mateix.

Les bromes o comentaris sobre les corbes de les noies, l'acne, les cames llargues, el pit o el fet d'estar grassonet o massa prim solen molestar en un moment de la vida en el qual un pot tenir dificultats per reconèixer-se i acceptar la imatge que li tornen el mirall o les persones significatives, que més o menys ve a ser el mateix.

La majoria de joves i adults, especialment els que tenen trastorns alimentaris, recorden amb claredat comentaris i mofes sobre el seu físic, el seu comportament o la seva manera de vestir, com per exemple:

— *«No mengis tant que t'estàs posant rodó.»*
— *«Cara de paella.»*
— *«Ets com una criatura.»*
— *«Sembles ximple quan portes els cabells així.»*
— *«M'agradaria que et portessis com el teu cosí.»*

L'adolescència intermèdia

Sol produir-se entre els 13 i els 16 anys en el cas de les noies i entre els 15 i els 18 en el cas dels nois.

En aquesta etapa s'inicien els canvis psicològics més significatius: el pas del pensament concret a l'abstracte; la recerca de noves formes de viure i canviar el món construint noves teories defensades amb arguments i accions sòlids, separant-se dels gustos i apetències infantils per començar a crear el seu nou projecte; canvis de valors i formes de veure el món, crític amb allò que l'envolta i no disposat a acceptar les coses perquè sí; el despertar de la vida interior i de la consciència d'un mateix, i, en conseqüència, l'aparició de les primeres crisis de valors.

Aquesta etapa es converteix en un període de construcció d'un mateix, d'oportunitats per crear-se i començar a definir-se i, al mateix temps, d'experimentar, descobrir, conèixer coses noves i, en alguns casos, iniciar conductes de risc.

Són molts canvis i molt importants en un període de temps bastant curt. Lògicament, comporten un malestar existencial, un sentiment d'incomprensió projectat cap a l'entorn més pròxim, un sentiment d'inseguretat que condueix a dubtar sobre les decisions a les quals els enfrontem: definir els seus estudis, què volen ser de grans...; comencem a exigir-los com a adults però no els donem l'oportunitat de ser-ho: *«Ja ets gran per començar a treballar i responsabilitzar-te»* i al mateix temps *«Les vacances són en família, no aniràs pas sol amb els teus amics».* No podem exigir-los un comportament adult només quan ens interessa que el tinguin.

Al mateix temps, busquen autoafirmar-se, allunyar-se de la família per ser ells, i tot i que encara no saben què és el que volen, ho volen ara.

Comencen les primeres experiències sexuals, es barregen el desig, la tendresa, el romanticisme, els amors platònics... Caldrà integrar tots aquests aspectes. Hi haurà lloc per a complexos amb el cos que, a vegades, dificultaran la relació amb els altres i experiències i jocs sexuals que conduiran a dubtar sobre la pròpia identitat com a procés de descobriment d'un mateix.

El grup d'iguals s'amplia i passa a ser heterosexual, es manté com a referent, centre d'amistat i relacions. En aquesta època les seves llargues converses se centren en l'amor, l'amistat i la família. Encara que no ho sembli, els joves dediquen temps a parlar de la seva família, especialment dels seus pares i del possible conflicte amb ells.

L'adolescència tardana

Centrada en les noies dels 16 als 19 anys i en els nois dels 18 als 21.

Es considera una etapa d'apaivagament de l'efervescència adolescent, comença la recerca de l'equilibri. Això no obstant, depenent del que hagin fet en els anys anteriors, arribarà la tranquil·litat ara o més endavant. En els casos en els quals hagin aparegut problemes importants de conducta, consum de drogues, trastorns alimentaris, trastorns de personalitat, etc., veurem que el procés maduratiu s'ha vist interromput per la problemàtica simptomatològica que no ha permès afrontar i fer l'aprenentatge necessari per trobar més estabilitat i coherència entre voler ser i ser un mateix.

Cal tenir en compte que en tot el procés adolescent hi ha una intenció explícita o implícita de començar a qüestionar-se les grans preguntes:

- **Qui sóc?**
  Resoldre qui som amb relació a nosaltres mateixos, la nostra família, els nostres amics... En definitiva, trobar allò que ens defineix i ens diferencia dels altres.
  Descobrir com som. Donar forma a la definició d'un mateix descobrint les pròpies virtuts i mancances.

- **Què vull?**
  Identificar les pròpies necessitats, les pròpies exigències, el propi estil personal; en definitiva, el que volem «treure» de la nostra vida. I, sobre la base d'aquest autoconeixement, donar forma al propi projecte de vida.

- **On vaig?**
  Aprendre a trobar un camí que tingui coherència amb el que som i som capaços de fer. Descobrir per a què servim pot ajudar a trobar camins menys agrestos si ajustem els nostres reptes a les nostres capacitats.

Preguntes que trigarem tota la vida a respondre, si és que arribem a fer-ho, però és en el període de l'adolescència quan comencem a qüestionar-nos tot això, amb la càrrega afegida que creiem que podrem respondre-les en poc temps.

La visió dels adults

«Són com una grip. Són egoistes, ganduls, estan enfadats amb el món i es tornen uns bruts.» Manel, 46 anys. Pare de dos adolescents de 17 i 15 anys.
«Etapa difícil i normalment rebel. Pels canvis físics i de caràcter. Mo-

ment molt influenciable pels amics. Vivència personal: em sentia bastant tranquil·la, la meva filla em va fer patir més perquè es va tancar més en si mateixa, tenia problemes existencials.» Clara, 65 anys. Mare de dos exadolescents de 36 i 33 anys.

La manera com veiem els adolescents i la manera com veuen ells els adults és molt important per entendre el tipus de relació que acabarem tenint.

És freqüent sentir comentaris dirigits a pares de preadolescents en els quals s'anuncia la tragèdia. Se'ls sol dir: *«Ara et ve una etapa difícil, prepara't perquè estarà inaguantable, no hi ha qui els entengui...».*

Amb visions tan negatives estem condicionant una relació negativa i potser responsabilitzant en excés uns joves en transició d'una relació conflictiva. El fet que hi pugui haver conflictes en el període adolescent amb els adults pot ser que no sigui només responsabilitat dels adolescents. Al cap i a la fi, se suposa que som els adults els que podem tenir més capacitat empàtica, resolutiva i educativa.

En aquest període els adolescents han d'assimilar canvis en la seva persona que afecten el concepte d'un mateix, entès com la representació d'un mateix que inclou aspectes corporals, psicològics, socials i morals.

En totes aquestes àrees succeeixen canvis significatius que, en més o menys grau, porten els adolescents a sentir confusió, disgust, exaltació…

El seu cos canvia, la seva veu canvia, apareixen els caràcters sexuals secundaris, la imatge corporal en general canvia i el concepte i la importància de la bellesa, també. Utilitzen la imatge per identificar-se amb persones o grups dels quals extreuen valors importants per a ells. El canvi d'aparença sol ser una eina més per allunyar-se de la imatge infantil, del que desitgen els adults, i acostar-se als que hi entenen, als que representen alguna cosa important encara que no se sàpiga bé què.

La societat i la família tenen un paper molt important de guiar i limitar. Això no obstant, també s'han de limitar a si mateixes per poder diferenciar en quines coses poden seguir opinant, en quines decidint i en quines condicionant. Els adolescents han d'anar conquerint llibertats personals per seguir respectant les fronteres dels adults.

Companys de viatge

En l'adolescència sorgeix la necessitat, per part dels nois, de separar-se dels pares o referents adults per acostar-se als de la seva mateixa edat.

Aquesta separació se sol viure amb dolor per ambdues parts. Els pares pateixen i troben a faltar la proximitat, la complicitat i la companyia dels seus fills i als fills els sap greu voler-se allunyar dels seus pares, els dol que ja no els agradin tant.

En aquest període caracteritzat pel qüestionament, els primers qüestionats solen ser els pares, que deixen de ser els prínceps amb els quals les nenes volien casar-se per convertir-se en persones amb defectes, amb incoherències, pesades pels sermons i injustes perquè no els entenen. Això no obstant, continuen essent les seves persones estimades i continuen necessitant tenir-los com a referent.

La persona ha de trobar la resistència dels altres i oposar-s'hi per prendre consciència del seu propi jo.

En aquest procés apareix una manera de sentir diferent. Els adolescents solen viure aquest període immersos en una muntanya russa d'emocions, descobreixen la passió per coses que abans els resultaven indiferents, se senten sols, suposen que el que els passa a ells no li passa a ningú més. Estan experimentant sentiments dels quals prenen consciència i sobre els quals reflexionen. Com més intel·ligència emocional tinguin, més capaços seran de descodificar el que els passa, posar-li nom i entendre que fins i tot els huracans emocionals més terribles acabaran passant.

Davant de tanta emocionalitat, els amics compleixen una funció molt important com a companys de viatge amb qui pensar units, experimentar, somniar, equivocar-se, recolzar-se, confiar... També poden ser les persones amb les quals s'experimenten decepcions, amb les quals un se sent qüestionat, a vegades abandonat o rebutjat.

Els pares i educadors segueixen essent companys de viatge, però ja no van agafats de la mà. Per això és tan important saber trobar un nou lloc per seguir-los acompanyant i estar present des d'un espai que permeti conèixer què fa l'adolescent, intentar entendre què li passa, limitar-lo quan se sobrepassa i acollir-lo quan ho necessita.

Per als adults pot resultar difícil en alguns casos descodificar els missatges que envien els joves, a vegades contradictoris, confusos, silenciosos o agressius. Això no obstant, el fet de tenir clar que, en realitat, ells ho necessiten i que volen que l'adult estigui allà pot ajudar que ho seguim intentant amb interès.

Un exemple pot il·lustrar aquesta idea:

«Quan el meu pare em diu que no, primer m'enfado, però després sento que m'estima perquè no és fàcil dir-me que no i aguantar el que jo faig». Jordi, 16 anys.

En les societats primitives es fan cerimònies d'iniciació que faciliten aquesta integració tant als joves com als adults. És més clar què cal fer, encara que tingui els inconvenients de la no-individualitat. En les societats occidentals és una tasca menys dirigida i clara. Hi ha moltes opcions, com ja hem esmentat, i això pot dificultar el fet de saber què cal fer. No hi ha una norma clara. Caldrà observar atentament els joves, fer-los preguntes i intentar entendre'ls controlant la por, les altes expectatives i les pròpies necessitats per escoltar les seves.

L'adolescència i els trastorns de la conducta alimentària: una il·lusió de control

Com dèiem, els adolescents estan espantats perquè els falta seguretat per a pràcticament tot. El seu món s'ha tornat impredictible. Desconeixen «les normes del joc». Amb cada despertar comença un nou intent per donar algun significat al que els passa i el que passa al seu voltant. Però, per sort o per desgràcia, el que els passa comporta una complexitat enorme, no és reductible a una solució màgica que posi una mica d'ordre a tant de caos. A vegades, durant aquesta recerca de la solució que doni resposta i posi ordre a tant de caos, creuen trobar una espècie de drecera. Endinsem-nos, des de la perspectiva de l'adolescent, en aquesta drecera-trampa que pot representar un trastorn de la conducta alimentària.

Fer predictible el nou univers social en el qual es troba immers l'adolescent és una tasca que a vegades sembla massa complexa, massa lenta, i sovint comporta un patiment massa intens per a alguns joves. Si a això hi afegim el contingut implícit del fet que certes emocions són quelcom per evitar, la tasca es torna massa àrdua per a alguns.

Però disposem-nos a explorar com es pot arribar progressivament a aquesta drecera-trampa. Un dia, en el procés natural per als adolescents de comparar-se amb el grup d'iguals, un es troba una mica més gras que aquell amic que té tant d'èxit. Encara que d'entrada no pensin que aquella serà la solució a tots els problemes, pot resultar atractiu començar una dieta per perdre uns quants quilos. Sovint comencen amb una dieta amb control mèdic sobre la qual se'ls avisa que cal seguir-ne un control estricte. Amb freqüència han vist els seus pares començar una dieta i fracassar innumerables vegades en l'afany per perdre pes. Això pot semblar un repte superable comparat amb la resta de reptes que tenen al davant.

Comencen la dieta, i queden perplexos en adonar-se que, per fi, hi ha alguna cosa que fan que els surt bé. De cop i volta, s'adonen que poden controlar alguna cosa. I, per cert, no una cosa qualsevol. Poden controlar allò que els semblava incontrolable, el seu cos adolescent.

Aquesta sensació de control pot fascinar els adolescents especialment espantats. Per fer més atractiva encara aquesta drecera-trampa, llavors comencen els afalacs per aquells quilos de més que s'han tret de sobre. Aquests afalacs sovint procedeixen del potent grup d'iguals. Sembla que per fi han trobat la vareta màgica que necessitaven i molts no estan disposats a deixar-la.

La vareta màgica per perdre pes es torna cada vegada més valuosa. Cada vegada és més necessari dedicar-li més temps i energies. De manera gradual, l'ampli ventall de situacions que els reportaven emocions agradables i desagradables es va reduint al fet de perdre o guanyar pes, aconseguir menjar o no. Per fi han aconseguit reduir la seguretat anhelada al veredicte d'una balança o al venciment de la gana. L'assistència a una festa s'afrontarà amb més seguretat sempre que s'hagi aconseguit l'objectiu de pes esperat. I, si surt malament, la solució màgica consistirà a controlar més el menjar.

D'aquesta manera, la diversitat d'esdeveniments que poden despertar una emoció en l'adolescent es restringeix cada vegada més a menjar o no menjar. Menjar o no menjar és una qüestió molt més controlable que agradar a un noi, caure bé a un grup de companys, estar al dia de totes les tendències, respondre sempre amb originalitat o superar una decepció afectiva.

Menjar és clarament un acte social. Per tant, si volem estar en un acte social, tard o d'hora haurem de menjar. Si un adolescent creu que ha comprimit totes les seves pors en l'acte de menjar, aquesta activitat serà una cosa que caldrà evitar. A més, la pèrdua de pes comença a despertar crítiques en el grup d'amics. Però el mateix grup d'amics ha deixat de ser emocionant, atès que ara el que mobilitza més és menjar o no menjar. S'inicia així un allunyament progressiu del món i, amb aquest allunyament, es van apagant les emocions que abans emanaven de les experiències compartides amb el grup d'iguals.

El viatge de tornada d'un trastorn de la conducta alimentària a la vida és un camí complicat i ple d'obstacles. Els pares i els educadors tenen un rol central a l'hora d'acompanyar els adolescents fora del món reduït de l'obsessió per un ideal de cos. Al llarg d'aquest llibre, anirem explorant com podem entendre i ajudar els adolescents perquè els trastorns de la conducta alimentària no siguin «una solució» i com acompanyar-los en el cas que hagin de recórrer el viatge de tornada a la vida.

Idees clau

- Cada adolescent és un món. Cal descobrir les maneres de ser adolescent, que dependran de com es formen els contextos vitals.
- La manera com tinguin lloc els canvis físics i interns i la manera com hi reaccioni l'entorn condicionaran l'adolescent d'una manera més positiva o menys.
- És un període de construcció d'un mateix, d'oportunitats per crear-se i començar a definir-se: *qui sóc?, què vull?, on vaig?*
- Davant de les dificultats i els reptes de l'adolescència, els trastorns de la conducta alimentària poden ser una solució falsa que redueix els conflictes i el malestar a una cosa predictible, com ara el control del menjar i del cos.

Entre autoritarisme i permissivitat: posar límits i ampliar les perspectives de futur

Maria Monini i Antoni Grau Touriño

…aspiro a veure el que encara no he vist i a conèixer el que encara no he conegut,
per això no miro enrere i per això estic perdent la memòria.
Tinc la impressió, en certa manera, que se m'obliden coses.
Però, en canvi, encara puc anar una mica endavant.

Eduardo Chillida
Elogio del horizonte

«Jo no lligo cordons de sabates.» Aquest va ser el principi de la presentació del curs escolar per part d'una mestra de primària als pares dels seus alumnes de primer. *«Com podeu comprendre, si ho fes per a un dels meus alumnes, ho hauria de fer per als altres 24, la qual cosa significaria lligar 50 cordons de sabates. Tampoc ajudo a cordar pantalons, ni a pujar cremalleres, excepte si estan encallades. Se suposa que a primària aquestes competències ja estan adquirides, i el seu ensenyament és responsabilitat de les famílies o dels mestres de preescolar.»*

La idea que una mestra pugui deixar un infant amb les sabates descordades o els pantalons descordats pot ser que us produeixi una certa incomoditat i un sentiment de compassió envers la criatura que, pobreta, no en sap. Imaginem un col·legi en el qual els professors es prenguessin com una missió el fet de suplir la falta d'autonomia dels alumnes en qualsevol àmbit, des del fet de vestir-se i despullar-se i d'alimentar-se adequadament fins a mantenir ordenades les seves carteres o utilitzar correctament el lavabo. Evidentment, quedaria poc espai i temps per ensenyar matemàtiques i llengua; per ajudar en els conflictes entre companys; per escoltar, comprendre i donar suport en la frustració experimentada davant de la manca d'èxit en les tasques; per establir aquella relació suficientment pròxima i, alhora, caracteritzada pel respecte i l'admiració, i perquè tingués lloc el procés d'aprenentatge.

Aquí comença la tasca de qualsevol educador o progenitor, és a dir, aclarir a un mateix i als altres quin és el seu rol i quines tasques li pertoquen. Si volem que els nostres fills puguin créixer i socialitzar-se, és a dir, adquirir instruments per viure en la societat on els ha tocat viure, hem de posar-hi unes bases. Si volen pintar, hauran de saber tapar els pots i rentar pinzells, perquè no s'assequin. Si volen ser astrofísics, hauran de saber administrar les seves hores de son i quedar-se desperts per observar el cel de nit. Tot això requereix, a més d'un desig, disciplina i esforç, és a dir, energia dirigida de manera estructurada cap a una finalitat. Per això, la mestra es preocupa de deixar clar fins on arriba la seva tasca i de responsabilitzar els altres educadors, en aquest cas els pares, de les tasques de la seva competència. Perquè fa falta construir uns fonaments per arribar a desplegar els recursos de cada infant i perquè cada adult al seu voltant és responsable en aquest procés, cadascú amb la part que li correspon. Sense saber-se lligar els cordons de les sabates, no es pot córrer, si més no sense entrebancar-se.

El procés de socialització

Dit d'una altra manera, infants i adolescents necessiten desenvolupar les seves capacitats per socialitzar-se per tal d'aconseguir els objectius que es proposin a la vida. Tant si es proposen formar una família com si prefereixen viure les relacions de parella com una cosa transitòria, tant si es volen dedicar a la cooperació en països subdesenvolupats com si somnien convertir-se en directius d'èxit, tant si ocupen el seu temps lliure corrent amb bicicleta amb els amics com si prefereixen aprendre a tocar un instrument; per a qualsevol opció de vida que escullin, hauran de saber-la construir des del context social en el qual estan immersos i a partir dels marcs normatius que aquest context posi. I les dificultats que tinguin per viure els espais compartits socialment posaran traves en el procés de formació d'amistats i de relacions sentimentals, en els aprenentatges i en el desenvolupament de tasques i treballs. Una bona socialització durant l'etapa de la infància i l'adolescència constitueix un factor de protecció i és necessària per prevenir fenòmens com el consum de substàncies, l'aparició de malalties i símptomes com els trastorns de la conducta alimentària.

Disposem-nos a especificar a continuació en què consisteix el *procés de socialització.*

En primer lloc, és la construcció d'una confiança bàsica, la certesa que no estem sols i que les persones a les quals estem aferrats ens tenen en compte malgrat que no estiguem físicament amb elles. Aquesta *base segura* és la que permet a infants i adolescents anar a l'escola, participar en activitats d'oci o sortir amb el grup d'amics mantenint una serenitat interior. Altrament, en cas de seguir depenent dels senyals positius de la mare o del pare, els joves experimentarien un sentiment d'angoixa en afrontar la desvinculació de la família que comporta el creixement. Aquest malestar, a vegades, es pot manifestar per mitjà de la somatització: mal de cap, de panxa, d'esquena, descomposicions inexplicables, febre freqüent, negar-se a menjar... Això és funcional, per mantenir-se pròxims a la figura de referència que els proporcioni el sentiment de seguretat.

En segon lloc, la socialització té a veure amb aprendre a actuar segons les *normes* d'una societat determinada, la qual cosa significa desenvolupar habilitats per acceptar els límits establerts per l'autoritat i saber que la pròpia manera de pensar o actuar no necessàriament ha de ser aprovada pels altres. Això comporta saber ajornar la satisfacció de desitjos i necessitats en lloc d'exigir-la immediatament, adonar-se que els altres tenen objectius propis i legítims i respectar-los.

Finalment, les persones que adquireixen una idea realista de les seves capacitats saben cooperar i *col·laborar amb els iguals* per aconseguir objectius.

Resumint, per aconseguir estar socialitzats, els nens i les nenes necessiten separar-se progressivament dels seus pares o cuidadors, saber actuar de manera respectuosa dins dels límits establerts per l'autoritat i cooperar amb els iguals per aconseguir objectius comuns.

Tenint en compte aquests aspectes de la socialització, que mereixerien ser aprofundits un per un per descriure l'evolució de l'individu cap a l'autonomia, ens centrarem en el concepte d'autoritat i de la imposició de límits, que tant de debat ha generat en les últimes dècades. Entrem, així, de ple, dins del terreny dels trastorns de l'alimentació, que representen el conflicte d'uns joves que, per una banda, intenten aconseguir l'aprovació i l'amor complaent dels altres falsejant o ocultant els seus autèntics sentiments i necessitats i que, per l'altra, reaccionen a aquesta pèrdua d'identitat i de control sobre les seves vides incrementant extremadament la seva rebel·lia i la seva resistència a les imposicions, la qual cosa, almenys, els permet tenir la sensació d'aconseguir alguna cosa que ells decideixen.

És una manera de solucionar el problema que en genera un altre, i que es podria expressar de les maneres següents:

- *Com que no puc ser jo mateix, tindré un cos perfecte, deixo de menjar, això mostra la meva voluntat i que sóc algú especial.*
- *Com que necessito la teva aprovació per fer qualsevol pas en la meva vida i em sento reprimit, el que faig és enfadar-me, provocar-te, purgar-me i fer-me mal.*
- *Com que jo m'imposo una vida que discorre entre els intents per vèncer la meva gana i l'anhel per perdre 50 grams més, no suporto cap altra imposició i em rebel·lo sistemàticament contra qualsevol pauta que vingui des de fora.*

Aquesta manera de buscar l'autonomia, construint una capa de duresa i de força aparent, en realitat mostra que l'individu no ha completat amb èxit el seu desenvolupament moral: l'infant aprèn a aconseguir l'aprovació i la proximitat dels pares obeint les seves directrius i desitjos, d'aquesta manera aconsegueix discriminar entre el bé i el mal; més endavant, interioritza les instruccions dels pares i les aplica en diferents contextos; amb l'adolescència, reconeix els valors d'altruisme i comença a actuar pel bé dels altres; la consecució d'una autèntica autonomia comporta saber escollir en cada moment el comportament adequat i actuar amb flexibilitat segons les circumstàncies, privilegiant en cada cas el propi bé, el dels altres o el bé comú, i acceptant la possibilitat d'equivocar-se tot responsabilitzant-se'n.

La Celia i l'Alba, de 17 anys, des de petites ho han compartit tot: els jocs, els gustos, les amigues, i durant les llargues hores que han passat juntes s'han fet moltes confidències i s'han explicat tots els seus secrets. Tot i així, fa uns quants mesos que la Celia està preocupada per l'Alba, que ha començat a sortir amb un grup del barri que es dedica a fer petits robatoris i consumeix substàncies tòxiques. Després de reflexionar-ho durant unes quantes setmanes, la Celia ha pres la decisió de parlar amb els pares de l'Alba i explicar-los les seves preocupacions.

Prendre decisions autònomes, a vegades, comporta trencar uns valors que des de sempre s'han considerat indestructibles, com la confiança en l'amistat, en el cas de la Celia. També comporta carregar la responsabilitat de les conseqüències, com, per exemple, que l'amistat amb l'Alba es trenqui. La llibertat, per a ella, no consisteix a pensar *«Ja s'espavilarà ella amb els seus errors»*, sinó a atrevir-se a trencar la seva lleialtat cap a l'amiga a partir de reconèixer el que pot ser perjudicial per a ella. Ha d'agrair als seus pares haver-li transmès amb fermesa el que està bé i el que està malament: robar i intoxicar-se està malament, vetllar pel benestar dels amics està bé.

Trair la seva confiança no és bo, en general, però gràcies a la seva maduresa, la Celia pot escollir no regir-se per aquest valor en aquest cas, perquè sap valorar el grau d'importància del risc que corre l'Alba.

L'autoritat

Si l'infant no rep instruccions clares sobre el que està permès, o no, fer i sobre quins són els seus deures i obligacions, no serà capaç, el dia de demà, de dur a terme un diàleg constructiu amb ell mateix en el qual avaluï el pes de diverses alternatives i esculli lliurement la que tingui l'efecte més beneficiós per a ell i el seu entorn, a llarg termini. Això no obstant, pares i educadors no sempre tenen claredat sobre la «bondat» de posar normes i límits i de transmetre el sentit del deure i la necessitat de l'esforç. Acabem de travessar una etapa sociohistòrica caracteritzada pel qüestionament de l'autoritat i la reaparició de valors que fins fa mig segle havien quedat a l'obscuritat, com els drets individuals, la llibertat i l'autorealització. En l'àmbit educatiu, això ha suposat una revolució que ha portat cap a molts avenços ètics i pedagògics. Tot i així, el fet de sorgir la ideologia de la permissivitat i de les teories sobre la bondat intrínseca de l'infant i l'educació basada en els propis interessos de l'infant, en la qual el mestre s'encarrega d'ajudar-lo a resoldre els seus projectes, també ha portat nous problemes.

Arran de la transformació de la societat i de la família com a institució, hem passat d'un model patriarcal, en el qual la llibertat estava menystinguda, els pares tenien drets sobre els fills i els fills, el deure d'honrar els pares, a un model totalment oposat: els pares tenen el deure d'educar els fills perquè es converteixin en persones autònomes i trobin la seva felicitat i els fills s'han convertit en subjectes de drets. La pàtria potestat, aquella figura jurídica que donava suport a l'autoritat paterna, que fins a mitjan segle passat derivava de la tradició i estava protegida per una societat del deure, avui en dia es limita a autoritzar els pares a educar els seus fills.

Aquests canvis socials porten com a conseqüència una desorientació per part de pares i educadors, que en moltes ocasions viuen amb culpabilitat el fet de retirar l'aprovació o imposar un comportament als joves per mitjà de normes i límits, que tenen por d'utilitzar estratègies educatives com ara conseqüències i càstigs, perquè podrien estar reprimint, perjudicant o menystenint la seva autoestima.

L'autoritat, aleshores, adquireix noves característiques, ja no es fonamenta en unes institucions o en la tradició, sinó que es construeix.

El fet que pares i educadors compleixin amb els seus propis deures, exerceixin la seva tasca educativa amb afecte i suport i siguin honestos propicia en els joves l'acceptació d'aquesta autoritat i d'aquests límits, ja que reconeixen el benefici que els correspon. És fonamental que els adults, en primer lloc, coneguin uns principis bàsics de l'educació; en segon lloc, que no utilitzin l'autoritat de manera arbitrària, sinó que la integrin en el seu propi comportament: n'és un exemple el fet de saber resoldre problemes de manera eficaç i relacionar-se dins el respecte a les jerarquies i els límits proposats per la societat en general i pels grups en els quals participen, com la família, l'aula, el lloc de treball, l'associació o el grup d'amics.

Estils educatius

Podem identificar quatre tipus d'estils de criança si tenim en compte el grau en el qual els pares expressen les dimensions de *control* i *afecte* en la seva manera de relacionar-se amb els fills.

1. El grau de control i disciplina té a veure amb la quantitat de normes i el grau d'obediència exigit pels pares. La utilització dels càstigs pot tenir com a conseqüència l'angoixa i la dificultat per desenvolupar l'autocontrol.
2. L'afecte expressat a l'infant i el grau en el qual es mostra sensibilitat a les seves necessitats són importants per construir una seguretat bàsica.

La manera com es combinen aquests ingredients és especialment rellevant i dóna lloc als estils educatius que esmentem a continuació:

- En l'estil *autoritari* predominen les normes i l'exigència d'un alt grau d'obediència. Les normes no se solen justificar i no es té en compte l'opinió de l'infant; a més, s'obté l'obediència per mitjà de la imposició i de les amenaces. L'infant depèn dels pares i no acaba de desenvolupar la seva pròpia autonomia.

- Els pares *permissius* ofereixen molt d'afecte als fills. Els deixen fer en un ambient de llibertat d'acció i decisió i, alhora, els exigeixen poca obediència. Els infants estan relaxats i viuen al seu gust.

- L'estil *democràtic* combina la transmissió d'afecte i l'atenció a les necessitats de l'infant amb una fermesa bàsica pel que fa a les normes que s'estableixen amb cada infant. S'utilitza el diàleg i la cooperació i s'estimula la independència de l'infant. Quan no queda altre remei, els pares utilitzen la imposició per aconseguir el respecte dels límits.

- Els pares *indiferents* comparteixen un afecte escàs i exigeixen poc de l'infant. La unió és poc intensa en infants pertanyents a aquestes famílies.

En els estils educatius, l'aspecte més important radica en la manera de combinar tots dos ingredients: control i afecte. La presència d'un alt grau de control i l'absència d'afecte estan associades a una autoestima baixa, manca d'iniciativa i introversió en els fills. En canvi, l'exigència d'obediència, quan està acompanyada d'un context ric afectivament, prediu una autoestima alta, autocontrol i competència social. Els infants que creixen en famílies caracteritzades per l'escassa exigència i la manca de normes i amb presència de suport afectiu, poden ser egocèntrics i dependents i solen tenir dificultats per mantenir l'esforç; estan mancats d'autocontrol dels seus impulsos i anteposen els seus desitjos i necessitats als d'altres persones. L'absència de control en un context d'escassa afectivitat i sensibilitat està acompanyada de senyals semblants als d'un abandonament, com la manca de motivació, l'escàs autocontrol, l'absència de normes en el comportament i una identitat dèbil. L'estil indiferent és una forma de maltractament.

De normes i límits

La vida ens planteja constantment disjuntives, des de situacions aparentment insignificants, com el fer el llit de seguida que ens aixequem o esperar fins a tornar de la feina, fins a eleccions més rellevants, com ara explicar al nostre cap un error comès. Imaginem com seria la nostra vida de complicada si mai ningú no ens hagués inculcat unes normes per les quals regir-nos i uns valors en els quals basar-nos per solucionar situacions imprevistes. Gastaríem un temps incalculable per decidir cada dia sobre tots els petits detalls de la nostra vida.

Per als infants, a més, el fet de no disposar d'un context normatiu comporta un sobreesforç intel·lectual i emocional que no els pertoca cada vegada que han d'escollir entre actuar segons el seu propi desig o el que s'espera d'ells. Sobrevalorar les capacitats d'infants i adolescents per escollir autònomament, en realitat, significa deixar-los sols.

Com diu Lucia Attolico (2003): *«Per als nens, les normes són com les vies del tren, determinen un camí que cal seguir; són com baranes en les quals els nens poden recolzar-se quan l'impuls a l'acció és més fort i genera un conflicte al qual la mateixa norma pot posar fi. Sense normes un infant queda pres de si mateix, per molt que li pesi.»*

Algunes recomanacions per a la fixació de límits:

- *Mantenir la coherència.* És vital que les pautes siguin sempre les mateixes en situacions semblants. Si els pares canvien les pautes de manera aleatòria, els fills queden confosos i acaben no escoltant. Així mateix, si no es fan complir els càstigs que s'anuncien, en el cas d'infringir els límits, el missatge que es transmet és que tant fa el comportament que els fills tinguin, per la qual cosa és probable que els comportaments indesitjats, en lloc de disminuir, augmentin.

- *Mantenir la consistència entre diverses figures d'autoritat,* per exemple, entre pare i mare o entre professor i director del col·legi. Si els adults es contradiuen, es desautoritzen mútuament, de manera que perden tota la seva autoritat.

- *Ser específic.* Com més concrets siguem respecte al canvi que volem generar, més possibilitats d'èxit tindrà el nostre intent. Així, en lloc de demanar «*No em parlis malament*», hauríem d'especificar «*No em parlis amb aquest to de veu ni utilitzis paraules malsonants amb mi*». En aquest punt hauríem de subratllar la importància de no jutjar la persona en si mateixa, sinó de criticar el fet que volem canviar. Així, en lloc de titllar algú d'egoista, seria més interessant subratllar que en aquesta ocasió concreta no ha tingut en compte els interessos dels altres. En l'acte de jutjar algú com a egoista, no hi estem incloent el fet concret que volem canviar, és a dir, que recordi que els altres tenen necessitats.

- *No encadenar un reguitzell de límits.* Els límits han de ser pocs però molt clars. El seu compliment depèn del fet que, en qualsevol moment en el qual siguin vulnerats, se n'ha d'exigir el manteniment. Qualsevol ajornament que fem per por del conflicte ens farà acumular una sensació d'agreujament que provocarà, en un moment d'ira, un reguitzell de retrets gens funcional. La persona que rebi aquests límits en cascades no tindrà cap altra sortida que contraatacar.

- *Parlar amb calma, pausadament i amb un llenguatge respectuós.* Si els adults estem alterats, enfurismats o espantats i a la defensiva, el nostre llenguatge no verbal ho revelarà i tindrà molta més força que el mateix límit que expliquem en paraules. Així, és probable que fem sentir l'altre igual de malament que ens sentim nosaltres en aquell moment, la qual cosa no ajudarà al fet que col·labori. Si ens trobem alterats, és preferible que deixem passar un temps i ens «refredem» abans de continuar parlant.

Exercici

La investigadora nord-americana Marsha Linehan, acostumada a tractar amb nois i noies difícils, va desenvolupar un mètode conegut com a Dear («estimat» en anglès). Aquests passos poden representar una pauta il·lustrativa per a l'establiment correcte de límits.

- *D: Descriure*
  Descriu la situació tal com la veus, sense jutjar ni compartir com et sents respecte de la situació. És important recordar que la concreció incrementarà les possibilitats d'èxit i que és preferible no utilitzar frases amb segones ni fer suposicions sobre les intencions de l'altre.

- *E: Expressar*
  Expressa amb tota claredat què penses i com et sents sobre la situació, assumint la teva pròpia responsabilitat sobre les teves emocions, és a dir, parlant en primera persona. Així, en lloc d'*«Em vas fer sentir com una burilla»*, és millor *«En aquell moment* em vaig sentir *com una burilla»*.

- *A: Afirmar*
  Enuncia els teus límits fent-los comprensibles. En lloc d'apel·lar a com t'hauria de tractar, assenyala que així és com a tu t'agradaria ser tractat, el comportament que et faria sentir més a gust. És fonamental no justificar, sobreexplicar-nos o discutir el nostre criteri sobre com ens agradaria ser tractats. En lloc d'això, hem de deixar clar que aquesta és la nostra posició ferma.

- *R: Reforçar*
  Explica els efectes positius mutus que té el respecte d'aquest límit. Pot ser d'ajuda recordar els aspectes positius de la relació abans de la infracció del límit.

Exercici

Aplica aquest esquema a l'última de les situacions conflictives que hagis viscut a la família o a la feina.

Anatomia de la família

Després de les consideracions anteriors, apliquem-les ara al context concret de la família.

La família és un sistema viu format per dues persones o més la naturalesa del qual requereix considerar-lo com alguna cosa més que un agregat de persones, és a dir, com un tot. Això significa que el que li ha passat a un dels seus membres repercutirà ineludiblement en els altres i allò originat en els altres també tindrà un efecte en cadascun dels seus membres. Per això, *quan l'Alberto, el germà gran de l'Ana i en David, va passar una temporada difícil amb els companys de la seva classe, els dos petits van començar a barallar-se constantment. Igualment, quan els seus pares van aconseguir solucionar les seves divergències sobre les visites a les famílies polítiques, l'Ana finalment va deixar de mullar el llit.*

Tot i actuar com una totalitat, la família conté diferents subgrups o *subsistemes*. És com si fos un equip en el qual cadascú té el seu propi rol i exerceix unes tasques exclusives.

L'estructura de l'«equip» familiar és jeràrquica, la qual cosa significa que els pares estan per sobre dels fills, és a dir, que tenen autoritat sobre ells per determinar com s'han de comportar i és la seva responsabilitat vetllar perquè puguin créixer tenint les seves necessitats físiques i emocionals cobertes. La parella de pares exerceix un altre rol fonamental, el conjugal. Com a esposos, atenen les demandes mútues afectives, emocionals, sexuals i de naturalesa pràctica, com la realització de tasques de la vida, segons les seves pròpies habilitats.

Els fills, per la seva banda, segueixen les pautes posades pels pares i, com hem assenyalat anteriorment, tenen dret a rebre protecció i a ser educats amb amor. Entre els germans també hi ha una jerarquia

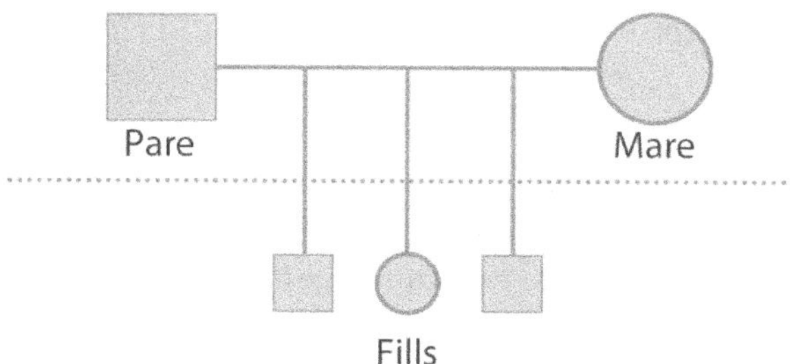

Figura 1. La línia puntejada marca el límit permeable entre el subsistema parental i el subsistema filial.

en funció de la seva edat, que determina el grau de control que els pares tenen sobre ells.

Per aconseguir una socialització adequada, els fills han de poder afermar les seves pròpies capacitats. Això ho aconsegueixen competint amb els germans, i, més endavant, aprenent a col·laborar i a cooperar amb ells; d'aquesta manera, assagen les relacions amb els iguals, amb els companys de joc, d'estudi i de treball i els amics.

El límit entre el subsistema dels pares i el subsistema dels fills, representat en la figura 1 per la línia puntejada, consisteix en el manteniment dels rols de cadascun d'ells. És a dir, els fills no poden protegir els pares, ni proveir les seves necessitats concretes ni cobrir les seves necessitats afectives o resoldre els seus problemes: per a això hi ha la parella. Al mateix temps, els pares no poden ser els amics dels seus fills ni competir amb ells: per a això hi ha els germans. Els germans tampoc han d'exercir entre ells funcions que són pròpies dels pares, com el fet de posar límits o protegir. En cas de família monoparental o de fills únics, seran altres figures, externes a la família nuclear, les que desenvoluparan les funcions que no es puguin cobrir des de dins.

Un exemple aclarirà els conceptes esmentats.

En Jaime, en David, l'Ana, en Raúl, l'Elena i la Rosa, d'entre 5 i 9 anys, juguen a l'habitació de l'Elena; mentrestant, els adults estan fent la sobretaula al menjador. Hi ha tant de rebombori a la casa que els pares no aconsegueixen parlar. La Silvia, la mare d'en David i l'Ana, pensa que estaria bé fer-los callar, però no s'atreveix perquè no és a casa seva; en Pablo, el pare de la Rosa, diverses vegades va a dir-li a la seva filla que abaixi el volum de la veu, sense resultat, atès que els altres estan molt esverats i la Rosa vol continuar jugant amb ells. L'Ángel i la María, els amos de la casa, pensen que està molt bé que els infants ho passin bé i proposen sortir a fer un tomb, «total, aquí ni tan sols podem parlar».

Amb quin d'aquests pares us heu identificat? Si el vostre cas és el de l'Ángel i la María, és hora de començar a reconciliar-vos amb el vostre rol de pares: sou els que més poder teniu en la família, i us correspon utilitzar-lo per posar ordre, perquè cadascú pugui tenir el seu propi espai. L'Ángel i la María deixen que siguin els infants els qui tinguin la prioritat: aquesta confusió de rols pot propiciar que els fills tinguin dificultats per desenvolupar generositat, altruisme i empatia amb el que senten i necessiten els altres.

Quan un subsistema falla en alguna funció, un altre subsistema haurà d'assumir-la, fet que genera un desequilibri i una alteració dels rols propis. Aleshores, la família esdevé disfuncional i és quan els seus membres estan en una situació de risc de desenvolupar algun símptoma o trastorn, com a manera d'expressar el malestar que experimenten.

Quan l'Enrique (45 anys) va perdre el seu pare, va quedar molt afectat durant un llarg període. Inicialment no podia acceptar el que havia passat i se sentia afeblit emocionalment, com bloquejat. Després, el seu estat d'ànim va empitjorar, es va tornar depressiu i, com a conseqüència, va baixar el seu rendiment fins que va haver de recórrer a la baixa laboral durant uns quants mesos. L'Ángela, la seva dona, estava ressentida perquè l'Enrique ja no li dedicava atencions, no col·laborava tan activament en les tasques domèstiques i, sovint, es tancava en si mateix, sense ser capaç d'explicar què li passava. Durant aquella temporada, l'Alberto, de 9 anys, es va acostar molt al pare; va semblar que es tornava molt madur i reflexiu i, sovint, passava el seu temps lliure amb ell, senzillament estava al seu costat. L'Ángela es refugiava en la relació amb les seves dues filles, de 13 i 15 anys, que eren molt divertides amb els seus dilemes sobre la roba i els nois.

En aquest cas, la parella falla en les seves tasques de suport emocional. Els cònjuges no poden arribar a comprendre's i això fa que es distanciïn l'un de l'altre; cadascú s'acosta a un dels fills, la qual cosa constitueix una sobrecàrrega emocional per a ells, sobretot per a l'Alberto, que s'encarrega d'acompanyar el pare en el seu procés de dol, però també per a les noies, que estan sotmeses a més control per part de la mare en unes àrees que, normalment, són compartides amb les

amigues. Les tasques adoptades pels fills no es corresponen amb el seu rol, sinó amb el rol del cònjuge.

En certes situacions, quan els pares s'adonen que no poden exercir les seves tasques emocionals de manera satisfactòria per a ells mateixos, la parella o els fills, pot ser adequat consultar un professional especialitzat.

Idees clau

- Per poder-se convertir en persones autònomes, els nens i les nenes han de passar un procés de socialització, que consisteix a separar-se gradualment dels pares, interioritzar unes normes i aprendre a cooperar.
- A causa de les transformacions socials i de l'auge de la permissivitat en les últimes dècades, pares i educadors poden trobar-se desorientats quan han d'exercir la seva autoritat sobre els infants i els adolescents.
- La imposició de normes és positiva quan es fa des d'un context d'amor i acceptació i si es té en compte la manera de pensar i de sentir dels joves.
- Posar límits de manera efectiva requereix parlar de manera calmada, especificant les conductes que són desitjables i les que no, essent coherents en la majoria de les situacions i mantenint una postura d'acord mutu amb els altres adults implicats en el procés educatiu dels infants i dels joves.
- En la família hi ha una jerarquia que cal respectar: els pares eduquen els fills amb amor i es fan respectar; els fills acaten les normes dels pares i col·laboren entre germans.

«T'agrado si m'agrado.»
Apunts sobre l'autoestima

Maria Monini

*El sentiment d'haver estat escollit està present, per exemple, en
qualsevol relació amorosa.
Perquè l'amor, per definició, és un regal no merescut; ser estimats
sense mèrit
és fins i tot la prova d'un amor autèntic. Si una dona em diu:
«T'estimo perquè ets intel·ligent, perquè ets honrat,
perquè em compres regals, perquè no vas amb dones,
perquè rentes els plats», em decep;
aquest amor té tot l'aspecte de ser interessat.
En canvi, com n'és de bonic sentir: «Estic boja per tu
encara que no siguis ni intel·ligent ni honrat,
encara que siguis mentider, egoista i pocavergonya».*

Milan Kundera

Què és l'autoestima?

L'Ester es descriu a si mateixa com una persona tímida i insegura, que
ha tingut problemes amb la seva figura des dels 14 anys aproximada-
ment. Vigila una mica la seva dieta; això no obstant, no es preocupa
de la seva imatge corporal quan està amb els altres. Creu que és una
bona amiga, ja que pot guardar secrets i confidències i està disposada
a escoltar el que faci falta. Potser és una mica massa servicial amb tot-
hom, sobretot amb les persones que estima. És una noia treballadora
i s'esforça molt sense queixar-se.

No li agrada que la corregeixin, ni les crítiques negatives. S'inco-
moda quan sent que els altres no l'accepten. És bastant insegura, dubta

abans de fer les coses o de prendre decisions. És fàcil ferir-la amb un menyspreu, falta d'educació o un motiu de decepció. Després li costa remuntar-se i no li agrada que la vegin afectada. No s'altera fàcilment i només mostra el seu geni quan s'enfada amb persones molt pròximes, com la seva família. Amb les amigues i els amics i la resta de la gent, si s'enfada, mai ho demostra.

És molt sensible, afectuosa, delicada i no costa fer-li mal, encara que sembli molt forta per la imatge que dóna. Li agrada estar informada de les tendències i opinions actuals i es molesta quan algú la fa ruboritzar perquè no sap alguna cosa.

És una bona companya de viatge, pacient, patidora i dòcil. Té pors, certes pors que hauria de superar.

La seva inseguretat es fa més patent en l'àrea dels estudis. Quan rep alguna crítica i no li deixen explicar els seus arguments, es planteja diferents raons, com que ella s'explica malament o que, potser, no ho ha fet bé, i finalment acaba dubtant de si mateixa. Té por que els altres pensin que és una inútil.

L'Ester accedeix a un procés psicoterapèutic per millorar la seva manca de seguretat amb els professors i companys. Aquest sentiment està acompanyat d'una autoestima baixa, és a dir, d'una valoració escassa de les seves característiques personals i cognitives. Tendeix a recolzar-se en la imatge per pal·liar les debilitats i les pors que percep en el seu interior: s'acobla als desitjos dels altres per agradar i evitar el rebuig temut i intenta controlar el seu entorn a través dels coneixements i la informació perquè no s'adonin dels «errors» que creu que la caracteritzen. En concret, la preocupa que es pugui «veure» la ràbia i l'enuig que sovint experimenta per no permetre's mostrar-se tal com és.

Les emocions contingudes, les argumentacions, opinions i maneres de pensar i sentir que constantment filtra i descarta i les conductes reprimides per pensar que no agradaran representen, per a l'Ester, una part important de la seva identitat, és a dir, allò que ella observa quan es posa a si mateixa com a objecte de la seva pròpia atenció.

Podem definir l'autoestima com la reacció que tenim envers nosaltres mateixos en totes les seves dimensions: el que sentim i pensem sobre la nostra manera de ser i com ens comportem en conseqüència. Per exemple, l'Ester sent que corre el risc de no ser acceptada i pensa que és una persona tímida, dòcil i insegura, per la qual cosa no agradarà als altres; per això, la seva manera d'actuar és fer-se la dura i no mostrar que està afectada; en lloc d'això, es manté informada per poder competir amb els coneixements dels altres.

Però el fet de prendre'ns nosaltres mateixos com a objecte d'observació comporta, alhora, un component d'avaluació. Des del moment que ens observem, estem fent una selecció d'aspectes positius i negatius sobre la base dels nostres valors. Si els coneixements són importants en la nostra escala de valors, pot ser que siguem capaços de fer molt d'esforç per aconseguir més formació i informació. I si no ho aconseguim o considerem que no és suficient, el nostre sentiment respecte de nosaltres mateixos serà cada vegada més negatiu i pensarem que som uns incultes o ignorants i fins i tot uns fracassats, mentre que el nostre comportament podrà variar des de l'acumulació compulsiva de títols i lectures fins al *passotisme,* si l'autoexigència arriba a ser intolerable, i, en un acte autodestructiu, podem fins i tot decidir engegar-ho tot a rodar.

Com dèiem en el primer capítol, el nostre temps es caracteritza per un empobriment dels valors, per la qual cosa la nostra autoestima, i encara més la dels joves i adolescents, depèn cada vegada de menys factors. L'important és *tenir* coses i un cos agradable.

Una altra manera d'abordar l'autoestima és expressar-la com la diferència que hi ha entre com creiem que som i com ens agradaria ser, el nostre ideal de persona. En aquest sentit, el límit de la nostra autoestima el posem nosaltres: si el nostre ideal és ser tan bons tennistes com Rafa Nadal i «només» aconseguim ser un bon professor de tennis i guanyar algun campionat provincial, aleshores estarem condemnats al sentiment d'inferioritat, a comparar-nos amb els altres i a no gaudir del nostre esport preferit. Però si el que preteníem quan vam agafar una raqueta de tennis era passar-ho bé amb els nostres amics, els mateixos resultats poden proporcionar-nos molta satisfacció i diversió.

Podem adonar-nos que tenim moltes qualitats i, tot i així, tenir l'autoestima baixa pel sol fet que existeixi un ideal allunyat de la nostra manera de ser i de viure actual. Això pot passar quan ens comportem de manera diferent dels nostres valors.

En Carlos és un home sociable, mundà, alegre, parlador i creatiu, i tot i així se sent malament amb si mateix perquè no pot aconseguir tranquil·litat i pau. A la seva família, les emocions s'han viscut amb una intensitat extrema, amb desequilibri o depressió, i per a ell poder estar tranquil i tenir pau interior és tan important que no li serveixen de res les característiques que els altres tant aprecien i no paren de valorar-li.

Podem sentir i creure que mereixem ser estimats, acceptats, valorats i apreciats; o que mereixem tenir sort en la vida i ser feliços; pertànyer a una família amorosa, i aconseguir satisfer els nostres desitjos, sempre que siguem coherents amb els nostres valors.

Per exemple, pot ser que la Raquel no aconsegueixi sentir-se bé amb ella mateixa quan ha de demanar ajuda per fer els seus deures de classe. Només sent que mereix unes bones notes quan es comporta de manera autònoma, que és el que el seu entorn l'anima a fer. Per molt que la Raquel estudiï i s'esforci, mai sent que és suficient, perquè sempre hi ha algun punt en el qual necessita el consell o el suport d'algun professor o familiar.

El *mèrit* és una de les dimensions de l'autoestima. Es refereix a la mesura en la qual sentim que estem actuant segons el que té valor o és «bo». L'altra dimensió, de la mateixa importància, és la *competència*, i fa referència al grau en el qual ens sentim exitosos respecte als nostres objectius, a les habilitats percebudes per afrontar tasques i treballs i a les estratègies de què disposem per fer front a les dificultats i als problemes de la vida.

Formen part de la nostra competència les capacitats que utilitzem per dur a terme els nostres treballs; els aprenentatges de tot tipus, des dels esports, passant per les taules de multiplicar, fins a la sensibilitat per arreglar-nos i cuidar de nosaltres mateixos i dels altres; el desenvolupament de rols socials, com el de mare i pare, amic, veí i ciutadà; les habilitats per canalitzar les emocions, saber donar i rebre afecte, regular la manifestació de ràbia i compartir moments d'alegria...; la llista no acabaria mai.

Podem saber que valem molt en moltes àrees de la nostra vida, perquè som hàbils i tenim èxit i perquè les persones del nostre voltant ens ho reconeixen, però, malgrat tot, si nosaltres mateixos sentim que no ens mereixem aquest reconeixement, el sentiment experimentat envers la nostra persona és negatiu, d'inferioritat, de rebuig o menyspreu, i el nostre estat d'ànim pot fluctuar per moments depressius i per puntes d'angoixa, pel fet d'haver d'afrontar constantment situacions per a les quals no ens sentim preparats.

Com es desenvolupa l'autoestima

Les *actituds parentals* són entre les primeres que contribueixen, des de l'entorn familiar, a construir la dimensió del mèrit. Són especialment importants:

- *La implicació parental*, és a dir, el temps que passen els pares amb els fills i la qualitat d'aquest temps: les activitats que s'hi desenvolupen, les emocions que s'experimenten, els missatges transmesos en aquest espai.

- *L'acceptació incondicional dels pares*, el missatge implícit que els fills són estimats independentment de les seves característiques, les seves debilitats i les seves forces, els seus errors i els seus èxits.

- *Expectatives i límits clars*. És important transmetre als fills que existeixen certes conductes que són desitjables i que ells s'han d'esforçar per aconseguir-les, sense ser, per això, rígids. Si no es fa, a llarg termini es perjudica l'autoestima, perquè la manca de límits fomenta la impulsivitat i l'agressivitat, tal com ressaltem en el capítol dedicat a la comunicació.

- *El respecte envers els fills* comporta saber dialogar sobre els problemes i negociar al voltant del conflicte, a més d'escoltar els fills pel que fa a les seves preferències i gustos, elogiar els seus triomfs i dedicar temps a explicar les decisions.

- *La cohèrencia en la conducta dels pares* i entre els progenitors és fonamental, és a dir, que hi hagi una coherència general entre els missatges verbals i els missatges transmesos a través del comportament.

A més a més, es planteja una altra qüestió: si el nivell d'autoestima de pares i educadors influeix en l'autoestima dels infants. Plantegem un exemple per il·lustrar aquesta dinàmica.

Per fer-ho, enumerarem diferents reaccions possibles davant de la situació descrita.

En Pablo, de 12 anys, sempre ha tingut un bon comportament a l'escola, però des de fa dos mesos, arran de la separació dels seus pares, ha començat a treure notes més baixes, està desmotivat i es baralla amb els companys.

A continuació es reprodueixen diferents possibilitats de reacció:

- El tutor pensa que tot és un desastre, aquesta societat en la qual les famílies es disgreguen amb tanta facilitat està generant una joventut sense referents i amb un avenir incert. Decideix no parlar amb els pares d'en Pablo, atès que, de totes maneres, és inútil, això no canviarà la situació.

- El tutor creu que és normal, atesa la situació. Pensa que els responsables de fer-hi alguna cosa són els familiars i que en Pablo ha de fer el seu propi procés.

- El tutor creu que és normal, atesa la situació. Parla amb els pares del nen i acorda amb ells que parlarà amb el nen en algun moment per tal que pugui manifestar les seves preocupacions i sentiments. A més, es planteja, l'any següent, d'afegir al temari alguna lectura a classe que tracti del tema de la separació.

Ara plasmem les diferents possibilitats de reacció dels pares:

- La Sara, la mare d'en Pablo, creu que el que està passant és per culpa seva, pensa que potser hauria pogut aguantar una mica més la distància que s'havia creat amb el pare d'en Pablo i no barallar-se tant; en el fons, se sent egoista. Com a conseqüència, deixa passar moltes entremaliadures al nen, no parla amb ell del que hauria de canviar perquè li sembla que és exigir-li massa.

- En Javier, el pare d'en Pablo, pensa que el que està passant té a veure amb els sentiments que en Pablo experimenta i que, per culpa de la seva curta edat, no sap diferenciar ni explicitar. Es pregunta si el nen se sent insegur, enfadat, trist o, potser, una barreja de tot això. Decideix portar-lo al psicòleg perquè tingui un espai per parlar i desfogar-se.

- En Javier, el pare d'en Pablo, pensa que el que està passant té a veure amb els sentiments que en Pablo experimenta i que, per culpa de la seva curta edat, no sap diferenciar ni explicitar. Cada dos o tres dies busca una estoneta per parlar amb ell de com se senten tots dos; un cop van acabar plorant junts i un altre dia van començar una guerra de pessigolles.

D'entre les reaccions descrites, sens dubte, la que de manera manifesta mostra una manca d'autoestima és la de la Sara. Es culpa i això fa que, en lloc d'ajudar el nen a superar el moment de crisi activant els seus recursos, se centri a voler reparar el mal provocat, perdonant-li les coses mal fetes. D'aquesta manera, li transmet el missatge que una separació és un succés que canvia les persones negativament, que les deixa prostrades i sense capacitats per posar límits; en no demanar-li que trobi estratègies per poder fer front a la situació, li està dient que no les té.

El pare d'en Pablo, en canvi, és capaç de veure que hi ha recursos en el nen que es poden activar; en una de les situacions, malgrat tot, ell mateix no es veu capaç d'ajudar el seu propi fill, és a dir, s'infravalora, i no admet que, potser, és ell qui necessita ajuda per saber fer de pare en aquestes circumstàncies. A través del llenguatge de les accions li està dient a en Pablo que ell és el que està pitjor i que els pares, en aquests casos, no saben ajudar.

Contràriament, si en Javier pot parlar dels seus propis sentiments amb el fill, li fa sentir que no està sol, que les reaccions que experimenta són normals, que tant pare com fill posseeixen estratègies que poden posar en marxa per superar la crisi i que això forma part de la vida de les persones.

Una altra actitud d'infravaloració la mostra el tutor (en el primer exemple que descrivim) quan s'eximeix de tota responsabilitat en l'assumpte i sent que en la seva feina i responsabilitat com a educador no pot fer res contra les tendències socials del moment, de manera que escull mantenir-se al marge del difícil procés del noi i de la família. Quin missatge en pot extreure en Pablo? Potser que no hi ha ningú fora del seu nucli familiar que l'ajudarà, que no serveix de res tenir iniciatives perquè de totes maneres els esdeveniments són inexorables i t'esclafen.

Parlar amb els pares és una bona mesura per saber que el que es fa és coherent amb les necessitats de la família, i, en adonar-se de la importància que pren la seva figura per al nen, li transmet un sentiment de confiança sobre les relacions humanes, a més de donar-li un exemple de com ajudar els altres.

En conclusió, els pares i educadors proporcionen als fills una font d'aprenentatge especialment poderosa per mitjà de la pròpia experiència. Segons com tingui cada progenitor la seva pròpia autoestima, és a dir, la manera com gestioni els seus propis conflictes, com reaccioni davant dels èxits, els errors i les frustracions, en funció de quin tipus de sentiments experimenti sobre si mateix, transmetrà als fills unes estratègies a favor o en contra de l'autoestima.

Àrees de l'autoestima

L'autoconcepte de les persones és molt complex i es compon de diverses àrees, cadascuna de les quals pot ser viscuda com a més o menys vàlida. És poc habitual que una persona amb autoestima baixa se senti igual de malament en tots els àmbits, i no és infreqüent que se centri en un dels àmbits com si es tractés d'una gran taca negra en el seu ésser i d'aquí en depengués tota la seva (in)felicitat.

Exercici

Fes una descripció de tu mateix en cadascuna de les àrees que s'indiquen a continuació:

- Manera de relacionar-te amb els altres: en les relacions íntimes, amb els amics, la família, els companys d'estudi i de feina, amb estranys i en altres contextos socials.
- Trets de personalitat i funcionament emocional.
- Àmbit afectiu i sexual.
- Funcionament mental: resolució de problemes, capacitats per aprendre, cultura, coneixements.
- Rendiment acadèmic o laboral.
- Aspecte físic.
- En l'execució de les tasques quotidianes: higiene, salut, feines de casa, cuinar, cuidar altres persones.
- Com et veuen els altres.
- Després de fer-ho, com és el teu sentiment envers tu mateix? Subratlla ara amb un retolador totes les vegades que:

  - Has utilitzat un llenguatge pejoratiu envers tu mateix.
  - Has parlat en sentit general, sense especificar, i has utilitzat termes absoluts com *sempre, mai, tot, res...*
  - No has quantificat els trets dels quals parles, mostrant-te imprecís.

Després, torna a escriure el text corregint aquests aspectes, essent respectuós envers tu mateix, concret i específic i trobant excepcions per a cadascuna de les característiques indesitjables que t'has trobat. Ara torna a llegir el text. Com et sents ara?

Autoestima, imatge corporal i trastorns de l'alimentació

El que cadascun de nosaltres sent i pensa sobre el seu propi cos i aparença no és una cosa que es pugui objectivar a través d'unes mesures concretes, d'unes característiques observables i unes vestimentes determinades, sinó que està format per un conjunt complex d'elements. La imatge corporal que tenim de nosaltres mateixos es compon de:

* Les experiències que hem tingut amb el nostre cos i sobre aquest. Pensem en el tipus de tracte proporcionat pels nostres cuidadors quan érem petits, la sensació de joc quan anàvem al parc, la lluita o baralla amb altres criatures, els traumes patits, l'experiència de dolor o de malalties; i, un cop adults, el tracte amb les nos-

tres parelles, les relacions sexuals, la duresa de la feina manual, el contacte amb la naturalesa, l'experiència de quietud...

- Les creences mantingudes respecte al nostre cos, és a dir, el conjunt dels comentaris dels altres sobre la nostra aparença, els missatges rebuts pel medi social, les conviccions sobre com hauríem de ser i com som.

- Les creences i emocions experimentades sobre nosaltres mateixos com a persones, que es traslladen i es concentren en el propi cos, possibilitant així la nostra existència en la dimensió física.

De tot això, en resulta que tot discurs, emoció i experiència que tingui a veure amb un mateix es plasma en la imatge corporal, per la qual cosa una autoestima baixa forjarà una imatge rebaixada o desvalorada de les pròpies característiques corporals.

El cos com a expressió de la manera de ser de la persona adquireix el màxim significat durant el procés de desenvolupament de la consciència de tenir una identitat separada de la dels altres, o identificació, és a dir, quan s'adquireixen processos de pensament més abstractes i complexos, a partir de l'etapa de la preadolescència, al voltant dels 12 anys, en endavant. Hem vist que és llavors quan es produeix la necessitat de diferenciar-se dels pares i s'obre un espai en el qual l'adolescent tendeix a buscar la proximitat dels seus iguals en un grup, que es converteix en el seu punt de referència per saber i sentir que allò que fa i com es mostra als altres està bé i és ben rebut pels altres. Sobre aquest aspecte, n'hem parlat extensament en el capítol dedicat a l'adolescència.

L'atenció de nois i noies d'aquesta edat es troba, doncs, especialment centrada en el cos, tenint en compte que està en procés de canvi constant i que representa una «targeta de visita» a través de la qual es presenten als altres, transmetent-los a través de la pròpia aparença a quina classe de persones volen pertànyer, amb qui s'identifiquen, a qui es volen assemblar.

Per a la persona afectada per un trastorn de l'alimentació, el fet de focalitzar tota la seva lluita per l'existència a aconseguir un determinat cos té un significat molt concret: obviar sentiments penosos i de por referits a parts nuclears de la persona, com la faceta social i interpersonal, les experiències viscudes en l'àmbit de la família o la inseguretat que sent en l'àrea sexual i afectiva. Es passa, en canvi, a «culpar» el cos de tot, amb la convicció que, com per art de màgia, quan s'«arregli» el cos, tota la resta també estarà bé.

El que passa, aleshores, és que els sentiments d'infravaloració i d'autoestima baixa s'expressen com a emocions extremadament negatives, experimentades sobre el cos en la seva totalitat o focalitzades en una part concreta.

Les idees i percepcions que es tenen envers el propi cos, en aquestes persones, es poden reduir a dues dimensions fonamentals:

- *El culte al fet d'estar prim, o la sobrevaloració del pes i la figura per sobre d'altres valors.* Com hem vist en capítols anteriors, en el context sociocultural en el qual vivim, es buida de sentit l'esforç personal per aconseguir objectius a llarg termini i s'intenta aconseguir una satisfacció immediata aprimant-se de cop, sense preocupar-se de desenvolupar altres aspectes de la persona, atès que això podria comportar haver d'afrontar algun motiu de frustració en adonar-nos de les nostres pròpies limitacions. El cos es converteix en el valor més important.

- *El menyspreu sistemàtic i profund per totes o algunes de les pròpies característiques morfològiques:* sobretot, la forma de cuixes, malucs, panxa i natges, però també dels braços, la cara, les espatlles... En aquest cas, el perfeccionisme es porta fins a l'últim extrem: quan la malaltia ja està declarada, es produeix una distorsió en la percepció del cos segons la qual augmenta la mida real del cos. A més, les característiques del propi cos són vistes com a defectes agegantats dels quals cal desfer-se a qualsevol preu, atès que estan acompanyats d'emocions d'angoixa profunda i vergonya i de sentiments d'inferioritat, i delaten la persona en tota la seva inadequació inconfessable.

Ara comparem els pensaments de dues dones, una d'elles afectada per anorèxia nerviosa, respecte al seu cos, per mostrar les diferències de percepció, vivències i emocions.

L'Elena, afectada per anorèxia nerviosa, explica com percep el seu cos després de començar a seguir un règim per aprimar-se:

«Em vaig sentir tan malament, tan poca cosa..., em comparava amb les amigues: elles tenien una panxa plana, i jo així (fa un gest per indicar una panxa rodona), i les cames jo les tinc grasses, i elles, primetes. Era una de les primeres vegades que anava a la piscina en públic.»

Vegem, ara, un comentari normal d'una persona no afectada per un trastorn de la imatge corporal:

«I penso: seguiré agradant al meu xicot? Perquè és que hi ha moltes noies més guapes i... ell no és cec. Jo sempre he tingut uns quants quilos de més, que... he intentat rebaixar-los, però no tinc voluntat. Llavors penso: és el que tinc... tampoc estic tan malament.»

Indicadors d'una autoestima alta i baixa

Senyal d'una autoestima alta sol ser, en primer lloc, l'*afecte positiu*, és a dir, una estabilitat emocional, per una banda, i, per l'altra, el fet de sentir i pensar que s'és competent i mereixedor.

També ho és tenir èxit en les tasques i deures, gràcies a la capacitat de buscar ajuda en els altres quan és adequat. Aquest aspecte és definit com a funcionament efectiu o autoeficàcia.

A més, les persones amb autoestima alta solen ser autònomes i autodirigides i poden mantenir les seves posicions fins i tot quan hi ha pressió externa perquè canviïn d'opinió o quan els altres no opinen el mateix. Es coneixen a elles mateixes molt millor que les persones amb autoestima baixa i solen centrar-se més en les seves característiques positives que en les negatives.

Les persones amb autoestima baixa, en canvi, solen ser hipersensibles a les crítiques, fins al punt que els pot passar per alt la informació positiva sobre elles mateixes.

Acostumen a reaccionar defensivament davant l'amenaça o la crítica, amb l'objectiu de preservar les escasses emocions positives que conserven sobre elles mateixes i per tal de no exposar la seva vulnerabilitat.

Pateixen emocions negatives cròniques, com sentiments d'inferioritat, manca de mèrit, soledat i inseguretat i estats de depressió i angoixa.

La Mónica sol estar de mal humor i a vegades diu les coses amb un to desagradable. Sap que això *«no agrada a ningú»;* de fet, arriba a enfadar-se amb ella mateixa. *«Sóc una persona que no es valora, no m'agrado a mi mateixa, no em valoro prou i no m'estimo. Això m'està apartant de tothom, fins i tot de la meva parella, l'Alberto... Em sento sola.»*

No obstant això, hi ha un cert tipus d'autoestima baixa que desemboca en conductes autodestructives, com l'auto i l'heteroagressivitat, que està relacionada amb una manca d'autoconsciència, és a dir, una negació dels sentiments experimentats envers un mateix.

Idees clau

- L'autoestima es pot definir com el que sentim i pensem sobre nosaltres mateixos, com ens avaluem.
- L'autoestima també es pot concebre com la diferència entre la nostra manera de ser actual i com ens agradaria ser.
- L'autoestima es desenvolupa, en primer lloc, gràcies a actituds parentals.
- Quan hi ha dificultats per construir una identitat, el cos pot adquirir una importància excessiva.
- Una bona autoestima en els infants i els adolescents és un factor de protecció davant dels trastorns de l'alimentació.

Sentir o no sentir, aquesta és la qüestió

Maria Monini, Montserrat del Castillo Franco
i Antoni Grau Touriño

> *…però quan obro els ulls i els tanco, quan els meus passos van,*
> *quan tornen els meus passos, nega'm el pa, l'aire, la llum, la*
> *primavera, però el teu riure mai perquè em moriria.*

> Pablo Neruda
> *Tu risa*

Com en el poema de Neruda, les emocions ens connecten amb la vida i la mort. L'amor i la passió ens fan vibrar i incrementen les nostres il·lusions, ens infonen l'energia necessària per fer projectes de futur; la pèrdua, la desil·lusió i el dolor, en canvi, ens sumeixen en un estat de vitalitat disminuïda, ens priven del desig de participar, de comunicar i d'emprendre accions. Davant d'aquesta intensitat, en aquesta època dels remeis ràpids, de l'alleujament immediat del dolor i de la por de patir, la temptació pot ser la d'anestesiar-nos: la solució per a les emocions doloroses s'ha convertit a evitar-les directament.

Vegem com, el 1932, Aldous Huxley, en el seu llibre *Un món feliç*, descrivia els éssers humans utilitzant pastilles de *soma* per no sentir i ser feliços.

—Estàs melancòlic, Marx. —La palmellada a l'esquena el va sobresaltar. Va alçar la vista. Era aquell brut de Henry Foster—. Necessites un gram de soma.

—Tots els avantatges del cristianisme i de l'alcohol; i cap dels seus inconvenients.

—Ford, m'agradaria matar-lo! —Però no va fer res més que dir:— No, gràcies —al mateix temps que rebutjava el tub de pastilles que li oferia.

[...]
—Un simple centímetre cúbic cura deu sentiments melancòlics —va dir el president ajudant, citant una frase de saviesa hipnopèdica.
[...]
—Prefereixo ser jo mateix —va dir en Bernard—. Ser jo i desgraciat, abans que ser qualsevol altre i jocund.

Avui en dia, la idea predominant consisteix a considerar les nostres emocions com una molèstia per al nostre pretès perfeccionament i progrés com a individus i com a cultura. Sembla que, a mesura que creixem, el ressò de les nostres emocions, el seu coneixement i la seva expressió, lluny de fer-nos més savis, ens converteix en éssers més dèbils, més vulnerables i menys competents.

Per ser un bon polític, el primer que s'ha d'aprendre a fer és posar «cara de pòquer». Per ser un bon metge, un bon control de les emocions és un requisit indispensable per assegurar un bon diagnòstic (i perquè el pacient se senti comprès, de passada). Per ser un tauró de les finances, com menys escrúpols, millor.

L'educació ha de resguardar els infants del conflicte, de la frustració, de la visió de la malaltia i de la mort, i no s'han d'enfadar quan un altre infant es mofa d'ells, perquè no es repeteixi i s'estengui la mofa. Només així podrem augurar-li un futur pròsper com a polític, metge o tauró de les finances.

En definitiva, en l'actualitat existeix una idea latent que sembla impulsar-nos cap al control i la neutralització de les emocions. El manteniment d'aquest control es converteix en una cosa urgent i, amb freqüència, els intents per mantenir-lo fracassen estrepitosament, especialment quan les nostres circumstàncies vitals fan impossible el repte absurd de no «emocionar-nos».

L'objectiu d'aquest capítol és aportar algunes indicacions sobre com prevenir l'analfabetisme emocional. El desconeixement del llenguatge emocional és un greu factor de risc davant de la psicopatologia en general i dels conflictes en les relacions humanes. Els trastorns de l'alimentació són, per excel·lència, la malaltia de l'anestèsia emocional.

La persona aprèn a parlar del seu patiment a través de la seva relació amb el menjar, evitant, així, haver-se d'adonar de com se sent de malament i exposar-se a la tasca incerta de demanar ajuda als altres. En termes de Huxley, la restricció de l'alimentació o les conductes purgatives serien el *soma*. El preu que es paga per prendre'l és deixar de ser un mateix, falsejar la pròpia manera de sentir.

Si partim de la idea que les emocions són, en primer lloc, una eina per comunicar les nostres necessitats i per posar en marxa accions dirigides a satisfer-les, podem comprendre la importància que tenen en les nostres vides. No podem excedir-nos a posar totes les atencions en l'expressió i la gestió de les emocions: són font de benestar psicològic i també contribueixen a augmentar la connexió i la sintonia en les relacions interpersonals.

Què són les emocions?

Les emocions són *la manifestació d'uns canvis en l'estat d'activació de l'organisme, que serveixen per augmentar les probabilitats de supervivència de l'espècie.*

Això té a veure amb que les emocions ens organitzen per a l'acció, en establir quins són els objectius prioritaris en un moment determinat.

Per exemple, la *ràbia* ens activa per lluitar o defensar-nos quan algú envaeix el nostre territori, quan ens volen arrabassar alguna cosa o quan es comet una injustícia. L'objectiu és superar aquests obstacles. La *por* ens mobilitza per escapar-nos o defensar-nos de situacions potencialment perilloses. Ens ajuda a aconseguir estats de més seguretat. L'*alegria* ens activa per obrir-nos, cooperar i relacionar-nos. En canvi, la *tristesa* és una disminució del nostre estat d'activació en la qual la persona es retira en si mateixa i s'aïlla, per aconseguir així l'atenció i la cura que necessita quan pateix una pèrdua.

Les emocions constitueixen, per tant, les estructures que guien les nostres vides, especialment en les nostres relacions amb els altres. Necessitem l'emoció perquè ens digui què és el que ens està afectant i perquè estableixi un objectiu, de manera que puguem assolir-lo. Necessitem la cognició, o capacitat per pensar, perquè ens ajudi a donar un sentit a la nostra experiència i per imaginar la millor manera d'assolir l'objectiu.

Per tot això, les emocions són fonamentalment adaptatives. No són ni racionals ni irracionals. Són senyals que ens dirigeixen per poder-nos mantenir vius; milloren la supervivència, ja que regulen la nostra atenció; controlen l'entorn; busquen els esdeveniments que són rellevants per a l'adaptació, i alerten la nostra consciència quan aquests fets es produeixen. En aquest sentit, no existeixen emocions positives o negatives, totes són positives, encara que la vivència personal en pugui ser agradable o desagradable. Totes exerceixen funcions de motivació, ens informen sobre les nostres necessitats i les comuniquen als altres, a través de la seva expressió. Per això és tan important comptar amb una bona educació emocional.

Habilitats bàsiques per gestionar les emocions

En primer lloc, és fonamental *saber sentir*. La por de sentir pot generar estats d'indiferència permanent, de buit o d'anestèsia, en els quals la persona no sap què li passa o senzillament «no sent res». La impulsivitat és una de les maneres de passar per alt el que s'està sentint: com més ràpid actuem, menys temps dedicarem a sentir en el present.

Aquests són alguns dels indicadors emocionals que poden ajudar-nos a reconèixer quina emoció experimentem:

- *Experiència personal.* A la nostra memòria, hi tenim registrada la informació que ens permet ajudar a saber com ens sentim davant de diferents situacions. Per exemple: una vegada vaig haver de parlar en públic i vaig sentir una gran ansietat i por.

- *Sensibilitat a la comunicació no verbal.* Expressió facial i corporal (serietat, agitació psicomotora, tremolors, celles arrufades...).

Sensacions corporals (inquietud, sensació de buit, nus al coll, formigueig a l'estómac...).

- *Comunicació verbal.* El to de veu: suau, alt, agressiu, complaent, conciliador... La durada: parlar més ràpid, més lent... L'entonació: eufòrica, bromista, irònica, alegre...

- *Indicador interrelacional.* Fixar-nos en les reaccions dels altres davant la nostra comunicació verbal i no verbal pot ser de gran ajuda per identificar el que estem sentint. Per exemple, que el nostre interlocutor suavitzi la seva expressió, passi el seu braç per les nostres espatlles i ens ofereixi comprensió pot significar que tenim motius per sentir-nos tristos i afligits.

- *Comportament.* El nostre comportament ens pot orientar per identificar com ens estem sentint davant d'una situació: quina emoció diries que està experimentant algú que s'aïlla, no parla, amb prou feines surt de casa i intenta evitar que els altres s'hi fixin? Probablement penses que por. Pots atribuir-te aquesta emoció quan et comportes d'aquesta manera.

- *Percepció de l'altre.* En nombroses ocasions, les persones del nostre entorn perceben amb més claredat les nostres emocions. Per exemple: *«Crec que en aquest moment estàs rabiós».*

A continuació, és important *saber diferenciar els estats emocionals,* és a dir, distingir què s'està sentint: por, ira, tensió, dolor, incertesa, desesperança... És impossible no sentir, encara que pugui ser difícil adonar-se'n.

Clarament, no és possible fer-ho sense posseir un vocabulari ric i ampli per descriure els estats emocionals. No n'hi ha prou amb basar-se en conceptes com *bé, malament, res, tot, no ho sé...,* sinó que és necessari *saber explicar les emocions.* Escriure pot ajudar a augmentar el ventall de matisos emocionals i prendre's el temps per parlar d'un mateix ajuda a centrar-se en els detalls de cada estat.

Les emocions en els àmbits de convivència

La descripció i el marc teòric que acabem de fer ens ajudaran tot seguit a aclarir i conèixer com actuen, intervenen i interfereixen en el nostre dia a dia les emocions.

En els àmbits de convivència, com les escoles, els centres educatius i lúdics i les famílies, resulta especialment important saber utilitzar amb desimboltura el llenguatge de les emocions, és a dir, llegir les manifestacions emocionals dels nois i noies amb els quals tractem com una manera única i individual de percebre les situacions i de respondre-hi. Ells no saben fer-ho millor. A professors, educadors, pares, monitors, pedagogs... se'ls requereix, per tant, una habilitat bàsica d'escolta i comprensió.

Com hem vist en els apartats anteriors, l'absència d'expressió emocional es troba lluny de no tenir significat, i moltes vegades ens està comunicant, de manera poderosa, la presència d'un conflicte en les relacions interpersonals i d'una dificultat amb un mateix.

Així mateix, la imposició i la negociació de pautes i normes requereixen molt sovint unes habilitats importants de mediació, i una vegada més és molt important la capacitat d'escolta, a més de la gestió experta de les pròpies emocions i de les seves manifestacions.

Per tant, a les persones que desenvolupem tasques educatives se'ns fa irrenunciable conèixer-nos a nosaltres mateixos i respondre a les dificultats escollint entre el nostre ventall emocional aquelles expressions que considerem que poden ajudar en cada cas específic, mantenint la claredat sobre la idea que *els sentiments dels alumnes i dels fills no són ni bons ni dolents*. És clar que això pot comportar haver de qüestionar les nostres pautes automàtiques i velles.

Examinem alguns exemples. Per fi us esteu relaxant després d'impartir cinc classes a adolescents d'edats diverses, i us criden uns alumnes per dir-vos que hi ha una baralla al pati. Opcions:

1. Podeu percebre les vostres dents serrades i els dits de les mans ben premuts per l'impuls de cridar. Finalment, impartiu una

breu i contundent reprimenda i marxeu. Ja se les hauran amb els seus tutors i pares.

2. Els separeu i us emporteu algunes males respostes, un insult entre dents i un parell d'espentes. Els doneu unes indicacions perquè es mantinguin allunyats durant la resta del dia i els citeu l'endemà per parlar del que ha passat.

3. Truqueu a la policia local, no és la vostra competència mitjançar en conflictes violents.

Qualsevol de nosaltres podria haver experimentat la ràbia descrita en la resposta del primer professor. És coherent amb la situació; a més, és natural i humana, no hi ha res de dolent, vinga! Deixem de jutjar i de jutjar-nos constantment. Tot i així, compte amb la ràbia, en general; quan actuem sota els fums de l'ira, la nostra conducta no sol estar reflectint la nostra saviesa i experiència. En aquest cas, la resposta no és impulsiva, s'utilitza una reprimenda que pot no estar fora de lloc, però la ràbia igualment està tenyint l'actitud de renúncia a fer res constructiu.

Cosa que, en canvi, no passa en la segona alternativa, en la qual la professora assumeix la responsabilitat d'intervenir i mitjançar en el conflicte, des de la primera actuació fins a preveure un espai de diàleg i de suposada reconciliació. Fixeu-vos en la necessitat de deixar passar un temps fins a refredar l'emoció de ràbia, perquè no impregni el comportament i no talli el camí a un altre tipus de sentiments –comprensió, perdó...– i a la reflexió. A més, en aquest cas, la professora en un primer moment passa per alt els greuges envers ella, sembla hàbil a l'hora de distanciar-se de les seves pròpies reaccions emocionals, obrint pas a un bagatge de recursos molt més ampli que la simple resposta espontània.

La tercera opció agreuja la situació. No assumint la responsabilitat del rol educatiu la professora deixa els alumnes sols i els torna a una institució punitiva, on els actes assumeixen un significat delictiu. El perill d'aquesta intervenció és que, en lloc d'escarmentar, serveixi com a missatge que confirmi el guió de «dolent», «delinqüent» i «antisocial» i que els nois s'hi refugiïn per evadir les seves dificultats.

Vegem un altre exemple. Esteu estirats al sofà un diumenge, després d'una setmana «encesa» a l'oficina. Encara us queden els plats per rentar i uns informes per repassar. S'acosta el vostre fill Luis, d'11 anys, amb la llibreta de matemàtiques.

«Demà tinc control de geometria.»
«I…?»
(Ploriquejant.) *«Tinc por de no saber res, això és molt difícil.»*

Escolliu entre les opcions següents la que més s'ajusti al que diríeu:

1. *«No tinguis por, fill, les dificultats de la vida per això hi són, per superar-les i fer-nos forts.»*
2. *«Tu pots fer-ho, Luis, has tret molt bones notes en matemàtiques, pensa en positiu.»*
3. *«Torna a estudiar, rei, ja saps que cal esforçar-se per aconseguir resultats, plorar no t'ajudarà a treure més bones notes.»*
4. *«A veure, tenir por abans d'un control és normal; quan jo tenia exàmens, a vegades em costava adormir-me la nit abans perquè tenia por de fer-ho malament. Relaxem-nos una mica junts i, després, com creus que et puc ajudar amb la geometria?»*

Tornem a cadascuna de les opcions. En Luis afirma que té por, i en la primera resposta es fa una negació directa de l'emoció del noi. Perquè els infants i els adolescents siguin lliures per experimentar un ampli ventall d'emocions i sàpiguen com tolerar-les, gestionar-les i viure-hi, se'ls ha de permetre fer-ho. La resposta d'aquest pare, probablement donada amb la millor de les intencions, no li ho permet: està dient al seu fill que *no senti* la por. Imagineu alguna cosa més complicada que falsejar el que realment estem sentint? En realitat, el pare sembla que té una opinió molt negativa de la por; probablement, si poguéssim preguntar-li, contestaria que tenir por és de dèbils o que per créixer s'han de vèncer les pors i ser durs. Aquest tipus de missatges no només els transmet un progenitor verbalment, sinó també, i per sobre de tot, per mitjà de les accions, és a dir, amb la seva manera d'actuar, que constitueix el model per als seus fills i és, amb escreix, el llenguatge més poderós per influir-los, per sobre del canal verbal. Per exemple, aquest pare podria travessar una crisi amb l'empresa que ha creat o haver d'afrontar la malaltia i la mort d'un dels seus propis progenitors i aparentar fortalesa en el context familiar, no expressant en cap moment les seves pors i no permetent-se el temps i l'espai per reflexionar-hi. Per tant, negar l'emoció del fill no només funciona per preservar el seu fill dels mals sentiments, sinó que també li serveix per protegir-se, ell mateix, del patiment del fill, que no sap com contenir.

De manera que, si aquest tipus de interaccions es repeteixen amb freqüència, en Luis aprèn diverses coses, entre les quals, que sentir por no està ben vist pel seu pare ni, per extensió, pels altres éssers significatius; que sentir-se malament comporta perill, atès que no sap què pot fer-hi a part d'intentar plantar cara a l'assumpte, i, fins i tot, pot ser que el noi sigui prou sensible per captar l'autèntica fragilitat d'aquest pare davant del patiment, per la qual cosa resultaria poc adequat demanar ajuda al seu pare si se sent malament.

Si tornem a les altres opcions, veurem que en la segona també hi ha implícita la negació de la por, pel simple fet que el pare no hi fa referència. Malgrat tot, hi ha altres matisos, com la pressió cap a l'èxit i la felicitat. En la tercera, hi trobem la prohibició de manifestar la por, si més no des del punt de vista fisiològic, plorant. A més, en aquesta última frase hi ha una confusió entre el paper dels sentiments —la por i la probable inseguretat experimentada— i la focalització en l'esforç i en els resultats, com si el conflicte emocional es pogués solucionar d'aquesta manera. Recordeu quan parlàvem de perfeccionisme i control i de com les persones afectades per trastorns de l'alimentació compensen la seva autoestima baixa centrant-se en el treball dur i l'esforç sense límits? Al cap i a la fi, centrar-nos en els autèntics sentiments d'aquestes persones no només constitueix un factor de protecció perquè desenvolupa les seves capacitats per gestionar les emocions, sinó també perquè, a més, centra la dificultat on hi ha la seva essència i preveé la gènesi de solucions alternatives, a vegades molt pernicioses.

Però, aleshores, com hem d'actuar? Evidentment, no hi ha una resposta fixa i exempta de risc per a totes les situacions; cadascun dels educadors i pares ha d'adaptar-se a les circumstàncies i escoltar-se per escollir maneres d'actuar que siguin compatibles amb la seva manera de ser, de sentir i les seves conviccions.

De totes maneres, pel que hem dit fins ara, sembla que almenys emergeix una idea important, és a dir, que els adults necessiten ser conscients dels seus propis sentiments i conèixer les seves maneres més habituals de reaccionar emocionalment davant dels esdeveniments de la vida quotidiana, si volen ser d'ajuda per a l'alfabetització emocional dels seus fills.

En paraules de Daniel Goleman: «*La vida en família suposa la nostra primera escola per a l'aprenentatge emocional [...]. Aquesta escola funciona no només a través del que els pares diuen o fan directament als fills, sinó també en els models que ofereixen a l'hora de gestionar els seus propis sentiments i aquells que tenen lloc entre marit i muller*» (Goleman, 1996).

La quarta opció sembla bastant sensata. En primer lloc, hi ha un reconeixement o validació de l'estat emocional del nen.

Tant fa el que el progenitor en pugui pensar; per exemple, si l'emoció és ira intensa i us hi sentiu irritats o, fins i tot, si es presenta en una situació que us sembla totalment inadequada; el cas és que perquè els joves s'obrin pel que fa als seus sentiments més íntims, no només fa falta algú que els escolti atentament, sinó, a més, que algú els faci saber que el que senten és legítim i que pel sol fet que ells ho experimentin és digne de ser atès i té alguna raó de ser.

Així, en aquesta quarta opció, el pare ho fa de dues maneres: diu que és normal i ho relaciona amb la seva experiència de nen. D'aquesta manera, en Luis se sent comprès, i això fa que la por pugui començar a disminuir.

En segon lloc, el pare li ofereix una situació perquè es relaxin junts, la qual cosa li permet atendre les seves pròpies emocions presents, és a dir, el cansament i l'estrès de la setmana, alhora que satisfà la necessitat del fill de rebaixar l'activació fisiològica causada per la por. En aquest cas, pot ajudar alguna tècnica de respiració senzilla compartida, i millor encara si la tècnica és divertida i espontània i comporta l'ús de l'humor: cantar, explicar acudits, fer pessigolles i tot el que se sol fer amb els nostres fills en moments de relaxament i de joc.

Finalment, en aquest cas el pare ofereix ajuda, i ho fa oferint a en Luis la possibilitat d'escollir el grau d'ajuda que està preparat per rebre. Pot ser que amb el suport emocional ja sigui capaç d'enfrontar-se tot sol amb el control, o pot necessitar ajuda concreta; malgrat tot, aquí no és l'adult el qui ofereix la solució, sinó que és el nen el qui la genera i la demana en funció de les seves necessitats reals.

Una cosa que podem estar temptats de fer és oferir totes les ajudes sempre que els joves experimentin algun tipus de patiment o de conflicte interior; malgrat tot, això sol invalidar les seves capacitats reals i, a la llarga, ells mateixos dubtaran de si les tenen.

En resum, conclusió:

- Escoltar i observar l'activació fisiològica.
- Reconèixer l'emoció.
- Comprendre i compartir l'experiència.
- Oferir ajuda si cal: dirigida a reduir o augmentar l'activació fisiològica i a solucionar el problema específic.

Un últim exemple. La vostra filla de 15 anys està al telèfon i la sentiu plorar i discutir, el volum de la seva conversa augmenta gradualment fins que us desperta del tot de la migdiada. Quan acaba, surt de la seva habitació:

«Papa, surto.»

Opcions de resposta:

1. *«On vas? Encara no has acabat els deures.»*
2. *«Amb aquesta pinta no vas enlloc.»*
3. *«Molt bé, reina, intenta distreure't dels teus disgustos.»*
4. *«Bé, vols sortir, què tal si parlem una estoneta abans?»*

Si considerem les quatre opcions, segons el que hem dit anteriorment, les dues primeres no tenen en compte l'estat emocional de la noia, no en fan cas, potser justament perquè al pare li preocupa i no té clar si li hauria de mostrar la seva preocupació, o perquè té por de com pugui reaccionar ella si pregunta, o perquè pensa que probablement es tracta d'assumptes del cor i amb aquests temes femenins no està segur de com ajudar.

Potser per tot això, en la primera opció desplaça l'atenció cap als deures, que li permeten posar un límit clar sense tocar les emocions «pertorbadores». Creieu que aquesta resposta contribueix a calmar la situació o no? Vegem què passa després:

(Amb impaciència.) *«Amb l'Ana i l'Helena, ja els acabaré després.»*
(Alçant una mica el to de veu.) *«Quan, després? Mai compleixes les teves promeses, no sortiràs fins que els hagis acabat.»*
(Cridant.) *«Mai confies en mi, només t'importa dormir al sofà, no t'aguanto!»* (Obre la porta de casa i se'n va.)
«Si no et calmes, no tornis!»

En aquest cas, l'agressivitat que continua caracteritzant el diàleg no està determinada per la situació emocional originària de preocupació i d'impotència per part del pare i de desesperació per part de la jove, sinó que es genera secundàriament pel fet que tots dos eviten activament parlar del conflicte emocional real.

En la segona opció de resposta, passa una cosa semblant i es desplaça l'atenció cap a un altre tema no central, és a dir, l'aspecte exterior de la noia i, indirectament, què en podrien pensar els altres. Un cop més, com en el cas d'en Luis, exterioritzar fisiològicament els estats d'ànim és censurat, però, a més, en aquest cas, aquest fet enllaça amb un dels temes més problemàtics en els trastorns de l'alimentació, és a dir, l'aparença.

La tercera alternativa, si bé fa referència a l'estat de malestar de la filla, li ofereix el missatge que el millor és passar per alt tot això i oblidar-se'n. És clar que, a vegades, això és realment recomanable; tot i així, aquesta posició es pot convertir en una font de risc si és sistemàtica i si, a més, és afavorida per les accions dels progenitors.

L'elecció d'oferir un espai per parlar a vegades pot resultar costo-sa, perquè comporta estar disposats a dedicar-hi un temps, a distan-ciar-nos de les pròpies emocions, com la irritació i la ràbia, en aquest cas, o, fins i tot, la por per les reaccions que la filla adolescent podria tenir després d'impedir-li sortir impetuosament. Això no obstant, si es practica no una vegada, sinó en diverses ocasions repetides, és pro-bable que tant adults com joves ens tornem més hàbils escoltant i con-fiant i que la vergonya per parlar de les nostres intimitats disminuei-xi. Això ofereix una experiència validadora, en la qual els fills comproven que la intenció és ajudar i no retreure i els pares poden veure que els seus esforços tenen un sentit.

Exercici per a adults

Sense pensar, feu una llista de les emocions que es puguin experi-mentar al llarg d'una setmana. No canvieu res del que ja heu escrit, i torneu a reflexionar: és un ventall ampli d'emocions? Hi ha algun to emocional que es repeteixi més que un altre? Per exemple, apareixen molts sinònims? Hi ha algun to emocional absent? Reflexions sobre aquestes repeticions: què passa a la vostra vida perquè això sigui així? Hi ha algun assumpte que creieu que caldria solucionar relacionat amb això?

I què passa amb les absències? Què opineu sobre aquests sentiments que falten? Quan éreu petits, us permetien expressar o parlar d'aquestes emocions en família? Què n'opinaven els vostres pares?

Exercici per fer amb els joves

Visionar dibuixos animats o pel·lícules conjuntament; es pot parar i tornar enrere per comentar aspectes que tenen a veure amb les con-ductes dels personatges.

Es poden plantejar preguntes relacionades amb:

- Com se sent el personatge en una situació concreta. Observeu les claus fisiològiques, com l'expressió de la cara, els gestos, el to de veu, etc.
- Com creieu que s'haurien sentit ells mateixos en aquesta situació.
- Si aproven el comportament dels personatges o no (molt útil en el cas de pel·lícules en les quals el sistema de valors és inadequat, per desenvolupar el sentit crític).
- Per què creuen que es poden haver portat d'aquesta manera (indicat per desenvolupar l'empatia).

Idees clau

- Fugir de les nostres emocions s'ha convertit en un autèntic problema de la nostra època. Malgrat tot, per a l'ésser humà és impossible no emocionar-se, i això queda patent durant l'etapa de l'adolescència.
- Hem definit les emocions com a estats d'activació de l'organisme. Ens organitzen per a l'acció i estableixen quins són els objectius importants que hem de seguir. No existeixen emocions positives o negatives, totes són positives perquè motiven, informen i comuniquen als altres, a través de la seva expressió. Per això, és fonamental comptar amb una bona alfabetització emocional.
- Entre les habilitats bàsiques per gestionar les emocions destaquen saber sentir, diferenciar les emocions les unes de les altres i expressar-les de manera verbal i no verbal.
- Davant d'una emoció intensa, és necessari validar-la, és a dir, acceptar-la com a legítima i considerar que ha sorgit per alguna raó. Això permet que l'emoció flueixi i en disminueixi la intensitat, perquè queda recollida en una altra.

Hàbits de vida saludables. Construint benestar i salut

Montserrat Sánchez Povedano

Viu la teva vida com t'agradaria que els teus fills visquessin la seva.
Michael Levine

Un cos sa és una bona llar per a l'ànima.
Gabriel García Márquez

Encara que avui en dia fem un gran ús del terme «hàbit», no hem d'oblidar que fa referència a aquella conducta o conjunt de conductes que, per la seva repetició o ús en el temps, s'ha arribat a fer costum en el nostre repertori de comportaments, en la nostra manera d'actuar. Parlar d'hàbits és parlar de conductes, pensaments, sentiments i rutines en general que han estat introduïts, per tant, en els primers períodes de l'educació o la vida dels fills i amb els quals s'ha de ser persistent al llarg dels anys, en funció del seu desenvolupament.

Pensar en hàbits saludables va més enllà de donar als nostres fills i alumnes una alimentació adequada o educar-los en la pràctica de l'esport.

Arribar a assolir aquests objectius en les diferents etapes de la vida, infància, adolescència i preparació per a la vida adulta, suposa tres tipus de compromís per als pares i educadors:

- Un *compromís* de l'educador *actiu*. Entenem que ens hi haurem d'implicar en moltes ocasions amb l'exemple. L'aprenentatge més eficaç és l'aprenentatge per observació i no es pot ser incongruent predicant missatges que el pare o la mare són els primers de no dur a terme.

- El *compromís* també haurà de ser *durador* en el temps, encara que modelat per les diferents etapes del desenvolupament del menor. I això és important: no es pot abaixar la guàrdia perquè ja té 17 anys; sens dubte, segueix necessitant els seus pares, encara que d'una altra manera: s'ha de continuar educant, s'han de continuar consolidant hàbits, ja que les seves necessitats canviaran i continuarà necessitant ajuda i guia en el seu procés de transició a la vida adulta.

- I això es relaciona amb el tercer *compromís*, que és el de posar *límits*. Els infants i els adolescents necessiten instruccions dels pares i dels educadors; necessiten pautes i missatges clars, precisos i inequívocs. Aquests missatges han de ser consensuats pels pares, compartits; no valen les contradiccions davant de l'infant. El llenguatge que utilitzem per comunicar-los haurà de ser adequat a la seva edat i al seu nivell de comprensió.

Ho tenim difícil quan volem començar a construir hàbits saludables als 16 anys. Els nostres esforços estan condemnats al fracàs. Recordo que una família, totalment desesperada en aquesta situació, em preguntava *«Per on hem de començar? Per què ara?»*, relatant la situació dramàtica de descontrol d'hàbits de conducta de la seva filla de 15 anys. La resposta està relacionada amb tot allò que s'havia deixat de fer i, en tot cas, les causes s'havien de buscar en el passat, anys enrere, i no en el present. No s'havien construït uns hàbits saludables.

Parlarem d'hàbits saludables al voltant de tres àrees generals, que considerem, a més, fonamentals en la prevenció dels trastorns de la conducta alimentària:

1. L'alimentació (entre la varietat i l'equilibri):
   - La importància d'una alimentació sana.
   - El perill de les dietes.
   - Corregir mites i errors freqüents.

2. L'exercici físic (entre l'adequació i la constància).
3. La cura d'un mateix (entre el reconeixement i l'estima):
    – Les hores de son i de descans.
    – La higiene personal i la cura de la imatge.
    – Responsabilitzar-se de la pròpia salut.
    – Evitar les conductes de risc.

Finalment, parlarem de com i amb quines eines podem inculcar aquests tres elements en el procés educatiu i de creixement de l'infant: la *piràmide dels hàbits de vida saludables*.

L'alimentació: entre la varietat i l'equilibri

La importància d'una alimentació sana

S'ha de procurar que, en línies generals i adaptades a les necessitats de cada etapa vital, aquestes pautes siguin seguides per tots els membres de la família. Estem educant i és un bon moment per deixar de fer tot el que no fèiem correctament i començar noves estratègies, per adquirir nous hàbits.

Una alimentació sana ha de procurar englobar les consideracions següents:

*   Incloure cinc ingestes repartides al llarg del dia. Aquestes es componen d'esmorzar (procurant que sigui en la primera mitja hora després d'aixecar-se), un mos a mig matí, dinar, berenar i sopar. Fer cinc ingestes no ha de preocupar un adult per si un cas augmenta de pes, ja que en el procés de digestió també es consumeix energia i s'ajuda a augmentar la despesa del metabolisme basal. Es tracta, més aviat, de repartir les calories de la ingesta diària. A més, quan un se salta un àpat o s'està molta estona sense menjar, arriba al següent àpat amb més gana i es corre el risc de menjar més del que cal.

- El que ingerim ha de contenir tots els nutrients que necessitem diàriament: proteïnes, hidrats de carboni, lípids, vitamines i minerals en una proporció adequada. L'absència, així com l'escassetat o l'excés d'algun d'aquests components, fa que l'organisme faci una lectura dels altres de manera errònia i provoca problemes metabòlics importants.

- És important el consum de fruites i verdures: tres fruites, una amanida i una ració de verdures cobreixen les necessitats diàries d'aquests productes.

- S'ha de controlar el consum de menjar ràpid i de llaminadures. Això no obstant, aquesta consideració no ha d'implicar-ne una prohibició absoluta. Cal tenir en compte que molts d'aquests locals estan presents en els cercles socials habituals dels infants i dels adolescents (festes d'aniversari, berenars, sopars d'adolescents, punts de reunió...). Serà important informar-los adequadament de les característiques nutricionals dels aliments que s'hi serveixen perquè puguin desenvolupar una actitud crítica.

- Cal controlar el consum de refrescos, no només pel consum de sucres buits que suposa, ja que aquí també hi incloem tots els refrescos anomenats *light*. Totes aquestes begudes contenen gas afegit i conservants i, el que és més important, ens priven del consum d'altres líquids alternatius per apaivagar la set i que ens poden aportar molts més nutrients o de l'aigua, molt més saludable. Aquestes begudes, a més, proporcionen a molts infants i joves una sensació de sacietat i poden arribar a ser utilitzades, especialment les begudes carbòniques *light*, com a substituts d'algunes ingestes principals o senzillament per calmar la sensació de gana. Cal estar atents a aquestes alteracions.

- Per menjar saludable o sa, no hem de caure en el reduccionisme de pensar només en el que entra en les dietes hipocalòriques, o sigui, planxa, bullit, verdura i fruita. Ho esmento perquè molts pacients, quan comencen a «flirtejar» amb la malaltia, diuen als seus pares que a partir d'ara volen menjar «sa», quan en realitat fan referència a una «dieta espartana», més pròpia d'un malalt. El pitjor és que aquesta idea de la noia o del noi es veu reforçada per algun agent extern més, que opina *«Què hi ha de dolent a voler menjar sa?»*.

La nostra dieta mediterrània està plena de plats molt saludables en el quals intervenen altres tipus de cocció i molts tipus d'aliments. L'important és confeccionar menús que incloguin una varietat suficient de nutrients en els plats i diferents tipus de cocció, d'acord amb les necessitats de cada organisme.

Segons aquesta pauta, considerem molt sa un peix fresc fregit o arrebossat en oli d'oliva, un bon fricandó o estofat o una paella clàssica, sempre que es mengin en la justa quantitat i freqüència i combinats adequadament amb altres aliments i formes de cocció o productes frescos.

El perill de les dietes

Segons l'última Enquesta Nacional de Salut 2006-2007, l'índex d'obesitat entre la població infantil-juvenil (2-17 anys) és del 8,9 %, mentre que el de sobrepès ascendeix al 18,7 %. És a dir, el 27,6 % dels nens i nenes presenten un pes superior al recomanable. I a més, comparada amb xifres anteriors, la prevalença està en constant augment. Aquesta població es caracteritza, a més, per utilitzar sovint les dietes i evidentment, fracassa en la seva empresa.

La franja d'edat tan difícil que estem tractant requereix que la decisió sobre l'inici d'una dieta sigui tractada amb una atenció especial, sobretot si aquesta dieta és molt selectiva.

El seguiment d'una dieta durant la infància pot ocasionar que l'infant se senti molt diferent de la resta dels seus companys en situacions socials, que es potenciïn enganys envers la família (en relació amb el menjar) i manipulació o que comenci a identificar-se molt aviat amb el col·lectiu dels addictes a les dietes.

En l'adolescència, cal posar atenció a les dietes que es comencen sota el control facultatiu, però que, una vegada s'ha assolit l'objectiu prescrit, són seguides per compte propi amb el pretext d'assegurar el manteniment del pes. Hem de tenir present que la dieta és el principal factor desencadenant en el desenvolupament d'un trastorn de la conducta alimentària.

La gran majoria d'inicis d'històries d'aquests trastorns es produeixen a partir d'un lleuger sobrepès, més o menys important (viscut sempre amb malestar i insatisfacció corporal), que incita qui el pateix a començar una dieta per intentar sentir-se millor amb si mateix. Un cop aconseguida la primera pèrdua de pes, la persona no es conforma i s'enganxa a una obsessió de control sobre el pes i el menjar que la porta a una espiral descendent, valent-se de la restricció, en alguns casos, o de l'afartament, amb conductes purgatives (vòmits, laxants, diürètics...) o no, en d'altres, depenent de les característiques del trastorn alimentari.

Com a consell principal, diríem als familiars i educadors que no animin l'inici d'una dieta si en realitat la persona no té un sobrepès real. Moltes vegades sentim el comentari següent: *«Estava cansada de sentir que es veia grassa, tots la vèiem bé; en tot cas, potser li sobraven dos o tres quilos. I per animar-la, li vaig dir que aniríem totes dues a una dietista i que faríem dieta totes dues».* Ara ella està en un IMC de 14 i a la mare li segueixen sobrant cinc quilos.

Creiem, com ja hem dit anteriorment, que és més important fomentar des de la família i l'educació altres estratègies que potenciïn l'autoestima i el valor de la imatge corporal no tant des de l'estètica i el valor del físic del cos.

Corregir mites i errors freqüents

L'índex de massa corporal (IMC)

És una mesura d'associació entre el pes i l'alçada d'una persona, que ens acosta al pes adequat per a cada persona d'acord amb la seva alçada. Es calcula dividint el pes en quilograms per l'alçada en metres al quadrat:

$$IMC = pes\ (kg)\ /\ al\text{ç}ada\ (m^2).$$

Una vegada calculat l'IMC, podem saber si és adequat comparant-lo amb uns barems establerts per l'Organització Mundial de la Salut (OMS). El valor obtingut no és constant, sinó que varia amb l'edat i el sexe. D'aquesta manera, en els infants i joves d'edats compreses entre els 2 i els 20 anys els barems també varien segons el sexe.

També depèn d'altres factors, com les proporcions del teixit muscular i adipós.

Tot i així, hi ha una altra dada que ens dóna una idea del pes adequat, i és la història del pes de cada persona, o sigui, la mitjana de pes en què s'ha mogut al llarg de la seva vida. Això està relacionat amb la constitució i les diferències personals, no tots som iguals. D'acord amb aquest raonament, no podem acceptar l'objectiu de molts adolescents com a només saludable o indicatiu de cos de «pes normal» el de 19 o 20. IMC superiors corresponen a cossos saludables, de pes adequat, que no exigeixen l'inici de dietes. En aquest moment, pares i educadors han de qüestionar aquesta decisió, aju-

dar a la reflexió, plantejar els riscos i detenir o ajornar l'inici de la dieta, i més en aquestes edats.

Les dietes miraculoses

Cal evitar rotundament les dietes miraculoses, les dietes ràpides. A part de deixar d'aportar els nutrients necessaris per a una etapa de creixement com és l'adolescència, totes produeixen el que s'anomena un *efecte io-io,* ja que redueixen el metabolisme basal. Això és perquè la ingesta calòrica és tan reduïda que les cèl·lules s'habituen a funcionar amb el mínim d'energia. Quan la dieta torna a ser una mica més gran, el cos segueix funcionant amb el consum mínim i s'augmenta de pes amb gran facilitat.

La dieta vegetariana

S'ha d'evitar, en principi, l'inici d'una dieta vegetariana en edats primerenques (abans dels 18 anys). No ens pronunciem en contra d'aquest tipus de dieta, però pensem que aquest moment evolutiu que estem tractant encara no és l'adequat per adoptar aquesta decisió per part dels menors. Els infants i adolescents haurien d'ingerir tots els nutrients de totes les fonts disponibles. Optar per una dieta vegetariana sol ser una opció o un estil alimentari de la família, vinculat a una decisió dels pares, que no comporta cap perjudici. Malgrat tot, aquesta decisió presa pels menors, juntament amb la suma d'altres indicadors, pot arribar a considerar-se un factor de risc per a l'inici d'un trastorn alimentari.

Curiosament, un gran percentatge de pacients amb trastorns de la conducta alimentària decideixen iniciar una dieta vegetariana. Al darrere, realment hi ha un desig de restringir certs aliments, s'amaga així un trastorn que passa, al principi, moltes vegades inadvertit als pares, educadors i, fins i tot, alguns pediatres o metges de família en les primeres consultes. És important que en aquest moment els pares es mantinguin ferms en aquest límit, no donant suport a aquesta opció i argumentant aquesta decisió.

Els miracles de l'aigua

És molt sa beure molta aigua perquè «neteja i depura». Un missatge que, a més, com que el venen alguns anuncis, ha arribat fàcilment a la població i els joves poden utilitzar-lo inadequadament.

Cal estar atents a aquest consum i vigilar que no sigui superior a un litre i mig o, a tot estirar, dos litres d'aigua al dia. No és necessari beure'n més (per a una activitat normal) i consums molt superiors poden arribar a ser perillosos per a la salut. Els missatges de la publicitat provoquen que, moltes vegades, els més joves relacionin aquest consum amb la pèrdua de la sensació de gana, pèrdua de lípids, millora del trànsit intestinal i, per tant, de l'evacuació, etc.; en resum, amb tot allò que afavoreixi una pèrdua de pes.

Els viatges a l'estranger

L'entrada a l'adolescència i el seu desenvolupament és una etapa de grans dificultats emocionals i crisis constants. Acorralats per l'angoixa, i a vegades guiats per consells professionals, els pares valoren com a bona solució un viatge d'estudis a l'estranger, una cosa semblant al que abans es deia un «canvi d'aires».

Nosaltres diríem que aquesta decisió ha de ser estudiada atentament i, tot i que dependrà de cada cas, en general, no resulta convenient en situació de risc. Molts problemes emocionals dels joves els expressen i «resolen» a través del menjar, i si es troben sols, lluny i en situacions difícils, és més fàcil que recorrin al menjar de manera patològica (inhibint-lo o excedint-se). Cal tenir present que una estada a l'estranger és un dels factors desencadenants més freqüents del desenvolupament d'un trastorn de la conducta alimentària.

La gestió de la cuina i dels hàbits domèstics

Cal posar una atenció especial als canvis d'actitud en relació amb la gestió de les coses de casa, de la compra, de l'alimentació i de la cuina de la família. No sempre estan directament relacionats amb el fet que la nena o el nen són meravellosos i ens volen ajudar. Cal analitzar quina relació pot tenir això amb altres conductes vinculades amb un possible trastorn alimentari (emocionals i conductuals). Es tracta d'una conducta de risc que, com a tal, cal interpretar, supervisar i controlar.

La supervisió de les ingestes

No hem de negligir aquest aspecte i cal estar atents als canvis, sobtats o no, de les seves preferències alimentàries, especialment aquelles que tenen a veure amb el menjar sa o *light* i el rebuig sistemàtic dels àpats en família (amb la justificació que ja s'ha menjat fora de casa). Nosaltres aconsellem mantenir, almenys, una ingesta familiar al dia, tranquil·lament, al voltant d'una taula. Segur que serà un bon moment no només per a l'observació dels hàbits alimentaris dels fills, sinó també per poder afavorir la comunicació familiar.

L'exercici físic: entre l'adequació i la constància

En aquest altre grup d'hàbits, hi impliquem també tota la família, i perquè l'adolescent sigui capaç d'adquirir-los, s'han d'haver iniciat ja en la infància.

Ja en edats primerenques haurem de tenir present:

- *Fomentar l'afició per l'esport i les activitats, preferentment en grup i a l'aire lliure.* És bàsic per a l'infant el concepte que introdueix l'esport com a treball en equip, en el qual la idea de grup està per sobre del que és individual i la victòria és compartida gràcies al fruit i a l'esforç combinat de tots.

- *Fomentar el control del temps lliure sedentari (TV, videoconsoles…).* No té sentit prohibir l'accés a aquestes formes d'oci, ja que en el present formen part de la realitat cultural, relacional, social, educativa i lúdica del dia a dia dels infants i els adolescents. No obstant això, sí que es fa necessària la supervisió del temps d'ús. Són unes activitats l'abús de les quals condueix a uns hàbits de vida poc saludables, no només per ser sedentàries, sinó per la poca interacció social que permeten, aïllant l'individu del seu entorn familiar i social i del seu grup d'iguals.

- *Controlar el temps i supervisar els continguts de la navegació d'internet.* Hi ha continguts que poden ser perillosos; per tant, és important que, especialment quan són més joves, naveguin en horaris durant els quals els pares o educadors els puguin supervisar, fins que els controls parentals per filtrar pàgines a la xarxa no estiguin més desenvolupats.

- *Planificar el temps lliure amb activitats familiars variades i compartides.* Dedicar un temps a pensar en activitats diferents que puguin motivar tots els membres de la família, almenys un espai a la setmana, o menys, a mesura que siguin més grans. L'important és educar en l'organització i la planificació del temps, evitar el sedentarisme i compartir temps i experiències gratificants en família.

- *Educar també en l'avorriment.* És important que l'infant aprengui a poder-se distreure i deixar passar, a vegades, el temps sense fer res. Distreure's d'una manera més passiva utilitzant la imaginació, mirant i observant per una finestra el que passa al voltant, amb una llibreta, amb un full i un llapis… El desenvolupament d'aquesta capacitat fomentarà sens dubte la capacitat d'espera, la tolerància a la frustració i el control de la impulsivitat i de la hiperactivitat, més enllà de la imaginació i la creativitat, entre d'altres. Últimament sembla que tenim una por especial al fet que el menor s'avorreixi o, més aviat, una tolerància pitjor per admetre i suportar les seves queixes d'avorriment en moments ociosos, fàcilment apaivagades amb accessos ràpids de distracció amb videoconsoles (transportables allà on vagin), DVD en els trajectes del cotxe, canals de programació infantil continuada, etc.

- *El control i la supervisió de l'ús de l'exercici físic i de l'esport* en edats adolescents és aconsellable per garantir una ingesta energètica adequada en relació amb el desgast, especialment si l'activitat es practica amb regularitat.

També hem d'estar atents a qualsevol abús que es faci de l'exercici físic i de l'esport, si deixa de ser un hàbit saludable per convertir-se en una conducta patològica i, com a tal, perillosa en si mateixa per a l'equilibri i l'autonomia de la persona, per al desenvolupament d'altres trastorns. L'esport i l'exercici físic sempre hauran de ser adequats a l'edat i a les possibilitats de cadascú i realitzats amb responsabilitat (constància, mesura...).

La cura d'un mateix: entre el reconeixement i l'estima

Tot i que és cert que els mitjans de comunicació, la moda i la nostra cultura en general ens bombardegen amb missatges d'exigència estricta sobre cànons de primesa extrema i culte al cos, en definitiva, de bellesa, la família i els educadors sempre han tingut i han de seguir tenint un paper fonamental, actuant com a mediadors de tota aquesta informació. Per tant, seran ells els responsables de poder modelar l'impacte de la influència de tots aquests missatges i, especialment, la importància que els concedirà l'infant, i més tard l'adolescent, en la construcció del seu propi jo.

Des dels primers anys i, com ja hem dit, canviant les estratègies, és fonamental potenciar tots aquells missatges orientats a potenciar l'autoestima dels nostres fills i educands, escoltant-los, interessant-nos pels seus problemes, potenciant les seves diferències, acceptant i ajudant-los a superar les seves debilitats i les seves pors. Cal posar una atenció especial al fet d'evitar els comentaris despectius sobre el físic o algunes parts del cos, sobretot en l'etapa prepúber, ja que a aquestes edats són viscuts amb molta sensibilitat i rellevància.

En els primers anys d'infància, la gran majoria d'hàbits de cura personal recauen en el control dels pares. El fet que aquests hàbits es vagin potenciant i assumint per part del menor fins a arribar a l'adolescència i a l'edat adulta no només dependrà d'un bon aprenentatge, sinó també d'una bona autoestima.

La família i l'escola han d'ensenyar l'infant i adolescent a mirar i llegir amb ulls crítics els missatges d'aquesta societat, de la qual tots formem part. Això es relaciona amb potenciar la comunicació, educar en valors, afavorir la crítica i els arguments de contrast davant de tots els missatges que se'ns ofereixen i, sobretot, no utilitzar els qualificatius físics per referir-se a les persones, així com els comentaris constants sobre el físic dels altres. També s'han de controlar converses freqüents sobre la preocupació per l'estètica o el físic entre els mateixos membres de la família, la preocupació per les dietes, les bromes sobre el físic d'algun conegut o el fet de referir-se a algú per algun atribut negatiu del seu aspecte físic.

Si aconseguim que els nostres fills siguin més crítics i s'acceptin, s'estimin i es valorin, tindrem menys dificultats per treballar àrees relacionades amb la cura d'ells mateixos.

Ara detallarem algunes d'aquestes àrees.

Les hores de son i de descans

En la infància, el control del son i del descans és extern, exercit i programat pels pares. Haurà de ser ben estructurat, ja des d'aquestes primeres etapes, perquè s'adquireixin uns bons hàbits que puguin fer-se extensius a l'adolescència. Fins i tot en l'adolescència és important que la família segueixi supervisant la presència d'un control adequat de les hores de son i de descans, ja que això també es relacionarà amb l'ús correcte d'un altre hàbit bàsic com és l'alimentari. A més, especialment en aquestes edats, una desestructuració dels horaris es relaciona amb una desorganització d'altres activitats vitals com poden ser l'estudi i, el rendiment òptim i, fins i tot, pot portar a l'aïllament familiar.

La higiene personal i la cura de la imatge

La cura de la imatge i de la higiene personal està estretament relacionada amb l'estima envers el propi cos, i això, alhora, amb el propi autoconcepte. Ja hem parlat del paper tan rellevant que té la família per ajudar a fomentar aquest objectiu. Especialment, l'adolescència és una etapa en la qual preval la identificació amb el grup i sentir-se bé amb el propi cos i amb la imatge dóna una seguretat de pertinença, cosa que es valora per sobre de tot.

D'acord amb això, serà important controlar que l'adolescent no busqui en la cura de la seva imatge l'única manera de potenciar i millorar la seva autoestima. La cura de la imatge s'ha de fer extensiva a la cura d'un mateix, i per això, cal entendre la responsabilitat de rentar-se, respectar-se, protegir-se, cuidar-se, vetllar per la salut i el benestar del cos; en definitiva, cal comprendre el cos com una part important del jo, més enllà del que és simplement físic o estètic.

Responsabilitzar-se de la pròpia salut

Si al llarg d'aquest capítol hem estat parlant de la promoció de la salut mitjançant hàbits de vida saludables, ens estem referint, en un sentit ampli i amb un objectiu final, a aconseguir que, mitjançant un procés d'aprenentatge, els adolescents siguin capaços de responsabilitzar-se de la seva pròpia salut. Aquí, la família i l'escola hi tenen un paper fonamental, ja que han de proporcionar coneixements, destreses, actituds i valors que fomentin un estat de salut òptim. Amb la informació adequada, suficient i adaptada, hem de preparar-los perquè en el futur facin eleccions saludables en àrees relacionades amb la salut, que impliquin la cura d'ells mateixos.

Aquestes eleccions estan relacionades amb l'alimentació, l'activitat física, el descans i el son, el benestar emocional, unes relacions socials plenes, l'equilibri entre el que és personal i el que és laboral i el no-consum de drogues o alcohol, entre d'altres.

L'estat de salut òptim al qual han d'aspirar i del qual s'han de responsabilitzar també implica el seu estat contrari, la malaltia. Hem d'educar-los també en aquesta situació, en el coneixement, en la responsabilitat i en la cura personal. A tall d'apunts, ens referim a les actuacions següents:

- Proporcionar-los informació i coneixement sobre el funcionament del cos humà.
- Ajudar-los a conèixer el seu propi cos, a escoltar-lo i a ser conscients de la necessitat de reconeixement i de cura.
- Conscienciar-los de la necessitat de controls o revisions mèdiques com a mesura de prevenció i autocura.
- Saber reconèixer símptomes o avisos de mal funcionament, o de malaltia, del nostre organisme.
- Habituar-los a recórrer al metge si estan malalts o si es troben malament, evitant així l'autodiagnòstic i l'automedicació.
- Seguir amb rigor les pautes i les indicacions mèdiques en el cas de malaltia i tractament.

Un cop més, els adults, els referents educatius i familiars, han de predicar amb l'exemple. Com diu Enrique Rojas: *«Educar és seduir amb models sans, atractius, coherents i plens d'humanitat»* (Rojas, 2008).

En definitiva, aprendre a tenir cura de la pròpia salut física i emocional requereix que els capacitem per pensar, estar atents i tenir una actitud responsable i activa que generi benestar, salut i qualitat de vida.

Evitar les conductes de risc

Finalment, volem fer referència a un tema que inevitablement espanta i preocupa tots els pares quan s'acosta l'adolescència dels seus fills: totes aquelles conductes de risc relacionades amb el consum de drogues i alcohol i la pràctica de sexe no segur, per destacar-ne dues. I, invariablement, també hi ha la por de les conseqüències, sempre greus, d'aquestes accions, com les addiccions, embarassos no desitjats, malalties de transmissió sexual, sida, etc.

La nostra intervenció com a pares i educadors haurà d'anar encaminada a ajudar-los a adoptar una actitud crítica i constructiva davant d'aquests riscos. Totes aquestes conductes tenen molt en comú i s'identifiquen amb l'adolescència, amb aquella etapa de traspàs de la infància a la joventut: la transgressió de la norma com a acte d'afirmació, la recerca de nous referents (ja no els pares), el plaer per experimentar noves sensacions fins aquell moment vetades, l'exigència de llibertat, etc.

Aquí entrem de ple en la controvèrsia dels programes de prevenció i de la seva eficàcia no sempre comprovada. Malgrat tot, encara es fa més evident i necessària la suma d'esforços entre la família i la comunitat educativa per «protegir» i «ensenyar a protegir-se» als nostres joves. Qualsevol actuació, acció o programa que ens plantegem ha de conjugar aquests tres components: la informació, les actituds i les habilitats socials. No cal recordar que també són els tres pilars bàsics per a la prevenció dels trastorns de l'alimentació.

Des de la practicitat, donarem unes pautes que poden ajudar a enfocar aquests temes en el dia a dia:

- **La informació (el què i el com)**
  - Partim de la base que la informació és bàsica però no suficient.
  - Sempre hem de partir de la informació i de les idees prèvies que tenen; només d'aquesta manera sabrem el punt de partida i els punts que cal reforçar.
  - Resulta igualment important, a més de donar informació, saber i conèixer quins són els seus dubtes i les qüestions que

volen resoldre. Donant-los veu estem fomentant la seva autoestima.

- Els missatges no han de ser alarmistes. El foment d'actituds reflexives i prudents serà la tècnica més adequada. No oblidem que, des de la perspectiva adolescent, el plaer és immediat i els danys, llunyans (a ells no els passarà).
- Encara que no vulguin escoltar els nostres consells, no hem de renunciar a expressar-los, a opinar. Fugim del retret, el to amistós serà el nostre millor aliat. Les prohibicions perquè sí creen rebuig, sempre s'ha d'apostar pel diàleg.
- Hem de transmetre informació i pensament crític de manera reflexiva i amb arguments creïbles.
- Com a referents, hem de ser accessibles, creïbles i equànimes.
- Una bona estratègia pot ser buscar o comptar amb algun referent adult de rellevància per al jove, que ens ajudi i que pugui ser una influència positiva fora del rol patern.

- **Les habilitats socials**
  - És fonamental donar-los eines perquè puguin resistir la pressió de grup. El grup d'iguals ara passa a ser el referent amb més influència. Fomentarem l'assertivitat, l'expressió de les idees pròpies i arguments perquè puguin rebutjar les pressions o oferiments de les conductes de risc.
  - D'aquesta manera, els ajudarem a aconseguir llibertat i autonomia, per ser responsables de les seves accions i decisions, poder escollir el que desitgen i rebutjar el que no desitgen.

- **Les actituds**
  - Ens hi estendrem poc, ja que les hem tractat extensament en altres capítols del llibre. Simplement, cal fer referència a la necessitat d'aprofundir sobre les creences i les actituds respecte a les conductes de risc i, a la inversa, fomentar una actitud positiva per evitar aquestes conductes i apostar per uns hàbits de vida saludables.

La piràmide dels hàbits de vida saludables

Podem concloure, d'una manera gràfica, que aquesta piràmide representa els tres elements que formen els hàbits de vida saludables que hem destacat com a imprescindibles per generar salut i benestar en els nostres fills.

Els tres estadis de la piràmide estableixen la jerarquia d'importància dels tres elements: d'aquesta manera, a la base i com a principals i més bàsics, hi trobem els hàbits relacionats amb l'alimentació; en un pla superior, els relacionats amb l'activitat física, i, finalment, al vèrtex, els més elaborats i mentals, els relacionats amb la cura d'un mateix, és a dir, els més vinculats a la construcció del jo i de l'autoestima.

Al voltant de la piràmide hem volgut plasmar el mètode i les eines amb els quals hem de treballar per instaurar aquests hàbits en els infants i els adolescents i perquè siguin interioritzats en el seu funcionament quotidià, entesos com a conductes i valors. *Ens referim a les pautes i els límits, el modelatge de conductes i la comunicació* com a vehicle d'expressió. És mitjançant l'engranatge d'aquestes accions de la

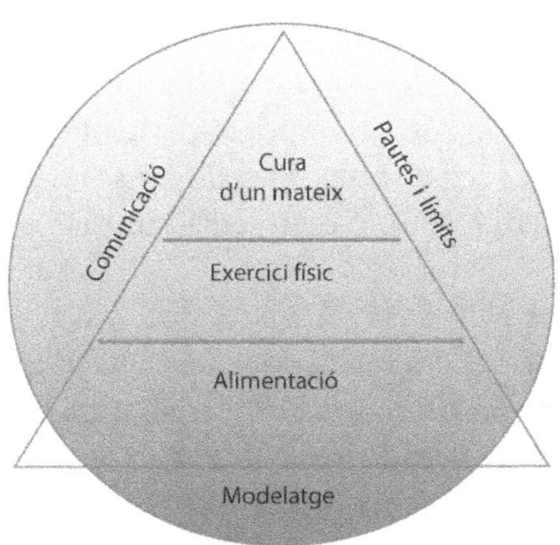

Figura 2. Esquema dels hàbits de vida saludable.

família i els referents educatius que l'infant va assumint, aprenent i posant en pràctica aquests hàbits saludables.

Una vegada més, volem apel·lar a la responsabilitat dels referents adults perquè siguin models de conducta coherents, que hem de seguir. No servirà de res que les nostres accions no acompanyin les nostres paraules.

Idees clau

- Les tres àrees generals per fomentar els hàbits saludables són l'alimentació, l'exercici físic i la cura d'un mateix.
- L'aprenentatge més potent és l'aprenentatge per observació. Els adults han de ser models de conducta coherents, que s'han de seguir.

- Els adolescents necessiten límits consensuats i coherents en el temps.
- L'alimentació sana ha d'incloure cinc ingestes al dia amb els nutrients necessaris, consumint fruites i verdures i evitant l'excés de menjar ràpid, llaminadures i refrescos (incloent-hi les begudes baixes en calories o begudes *light*).
- És important evitar les dietes hipocalòriques, per la restricció d'aliments que suposen i per ser un dels factors precipitants dels trastorns de la conducta alimentària.
- S'ha de fomentar l'afició per l'esport i les activitats, preferentment en grup i a l'aire lliure.
- Cal evitar els comentaris despectius sobre el físic en els preadolescents.
- Hem de contribuir a fomentar l'esperit crític envers els missatges que emeten els mitjans de comunicació.
- Cal ajudar-los a ser capaços de responsabilitzar-se de la seva pròpia salut, de l'alimentació i procurar el seu benestar emocional.
- Per evitar les conductes de risc, és necessari que tinguin la informació adequada, eines per resistir la pressió del grup i una actitud positiva davant la vida.

Epíleg

Encara que el plantejament d'aquest manual ha partit de la base de la promoció de la salut, de la prevenció dels anomenats trastorns alimentaris i del reforç dels hàbits de vida saludables, ara volem donar veu a persones afectades per aquestes malalties, perquè de la seva vivència i experiència també podem aprendre'n i reflexionar sobre moltes qüestions que hem anat detallant al llarg del desenvolupament del llibre.

Concretament, farem referència a un estudi (Loth, Neumark-Sztainer i Croll, 2009) realitzat amb persones afectades per trastorns alimentaris, a qui, de manera retrospectiva, es formulava una sèrie de qüestions sobre conductes i actituds de les seves famílies que creien que havien influït negativament en elles i que podien haver afavorit l'inici del trastorn alimentari. A tall de resum, plasmarem les recomanacions que es van desprendre d'aquest interessant estudi per a les famílies. De l'anàlisi i la categorització de les respostes en sorgeixen sis temes que conflueixen en sis recomanacions per a les famílies, formulades com a prevenció primària:

- **Suport**
  - Valoraven la importància de proporcionar suport i atenció, sobretot durant èpoques de transició com l'inici d'estudis en un nou institut.
  - Destacaven la necessitat de ser «ensenyats» a autocuidar-se en absència dels pares.

- Destacaven la importància de passar més temps amb els fills i, entre d'altres, d'enfortir la comunicació intrafamiliar.
- Recomanaven acceptar els fills tal com són.
- Reclamaven animar i donar suport als fills en la recerca del seu propi espai, la seva identitat i els seus propis interessos i activitats.

- **Evitar converses relacionades amb el pes i el cos**
  - Pares que parlen de manera negativa o despectiva sobre el seu pes i la seva silueta.
  - Pares que parlen negativament sobre el pes i la silueta dels seus fills.
  - Discussions sobre el cos i el pes d'altres persones.
  - Bromes sobre el pes i la dieta.

- **Autoestima**
  - Els pares haurien de col·laborar en la construcció de l'autoestima dels seus fills descentralitzant-la del pes i la silueta.

- **Converses sobre les emocions i les estratègies d'afrontament**
  - La majoria de les persones afectades que van participar en l'estudi van coincidir a descriure el seu trastorn alimentari com un mecanisme d'afrontament desadaptatiu d'emocions ingestionables i desconegudes. És a dir, la incapacitat per comprendre i gestionar certes emocions, pors i insatisfaccions personals provoca com a resposta l'inici de conductes patològiques amb el menjar i d'una recerca constant d'agradar-se físicament.

- **Gestió de les seves pròpies dificultats**
  - També apuntaven la necessitat de més autoconeixement i voluntat de millora i superació de les pròpies dificultats i limitacions dels pares. Un pare o una mare que es cuida a si mateix estarà en millor predisposició per cuidar els seus fills i transmetre el valor de la cura personal.

- **Coneixement dels trastorns de la conducta alimentària**
  - Igualment, i a tall de tancament, comentaven que si els pares coneguessin i comprenguessin millor els trastorns de l'alimentació, això facilitaria tot el que s'ha descrit anteriorment: no parlar negativament sobre el pes i el cos, fomentar l'autoestima i facilitar l'expressió de les emocions.
  - Per finalitzar, també volem destacar altres conclusions d'estudis vinculats amb els factors de protecció i els factors de risc relacionats amb l'inici dels trastorns de l'alimentació i de l'obesitat infantil:

    - Aquelles persones que han estat objecte de mofes sobre el seu pes per part dels pares tenen una insatisfacció corporal més gran, una comparació social més gran, una interiorització de les creences socials sobre la primesa més gran i pitjors nivells d'autoestima.
    - Els joves amb un concepte millor del seu físic han estat educats en famílies que veuen en la dieta un valor d'autocura i no pas una manera de perdre pes.
    - S'ha constatat que en infants de cinc anys ja es produeixen associacions entre el pes i l'autoconcepte.
    - Utilitzar el menjar o la conducta alimentària com a estímul extern (premiar-los si s'ho mengen tot, o a la inversa...) pot determinar una regulació emocional a través del menjar.
    - Els àpats amb la família exerceixen un rol modelador potent. No hi ha millor aprenentatge que «predicar amb l'exemple».

Bibliografia
Manuals, guies i recursos pedagògics

Agencia Española de Seguridad Alimentaria. (2005). *Nutrición saludable de la infancia a la adolescencia*. Madrid: Ministerio de Sanidad y Consumo.

André, C. (2007). *Prácticas de autoestima*. Barcelona: Kairós.

André, C.; Lelord, F. (2002). *La fuerza de las emociones*. Barcelona: Kairós.

Attolico, L. (2003). *Non farmi camminare con i tacchi alti*. Milano: Franco Angeli.

Branden, N. (2003). *Los seis pilares de la autoestima*. Barcelona: Paidós.

Burns, D. (2000). *Autoestima en 10 días*. Barcelona: Paidós.

Calvo, R. (2002). *Anorexia y bulimia: guía para padres, educadores y terapeutas*. Madrid: Planeta.

Comas, D. (Coord.). (2003). *Jóvenes y estilos de vida*. Madrid: INJUVE Y FAD.

Consejería de Sanidad. Consejería de Educación, Cultura y Deporte. Fundación Pfizer. (2005). *Tenemos mucho en común. Hábitos saludables y diálogo intergeneracional*. Madrid: Autor.

Consejería de Sanidad y Consumo. (2006). *Trastornos del comportamiento alimentario: anorexia y bulimia*. Serie: Documentos técnicos. Mérida: Junta de Extremadura.

Consell de l'Audiovisual de Catalunya. (2007). *Publicitat audiovisual i trastorns del comportament alimentari. De l'estereotip publicitari adult a la realitat preadolescent*. Barcelona: Autor.

Consell de l'Audiovisual de Catalunya. (2007). *Publicitat televisiva de culte al cos i insatisfacció corporal en población jove. Projecte de recerca*. Barcelona: Autor.

Consell de l'Audiovisual de Catalunya. (2007). *Recomanacions sobre el tractament de l'anorèxia i la bulímia nervioses als mitjans de comunicació audiovisual.* Barcelona: Autor.

Departament Educació. Departament Salut. (2005). *Guía de l'alimentació saludable a l'etapa escolar.* Barcelona: Generalitat de Catalunya.

Elias, M.J.; Tobias, S.E.; Friedlander, S. B. (2003). *Educar con inteligencia emocional.* Barcelona: Debolsillo.

Fundació "la Caixa". (2008). *Alimentació, consum i salut.* Col·lecció estudis, núm. 24. Barcelona: Autor.

Fundació Viure i Conviure. (n.d.). ¿Cómo como? 1r Programa y Concurso Escolar para una Alimentación saludable. Barcelona: Fundació Caixa Catalunya.

Funes, J. (2004). *Arguments adolescents. El món dels adolescents explicat per ells mateixos.* Barcelona: Fundació Jaume Bofill.

Gallardo, À. (2009, 28 mayo). Se cura quien es capaz de quererse. *El Periódico de Catalunya*, 10.526, pág. contraportada.

Generalitat de Catalunya. (2001). *Guia per a educadors i educadores en la prevenció dels trastorns del comportament alimentari. Anorèxia i bulímia nerviosa.* Barcelona: Autor.

Goleman, D. (1996). *Inteligencia emocional.* Barcelona: Kairós.

Gómez del Barrio, J.A. (2009). *Convivir con los trastornos de la conducta alimentaria: anorexia, bulimia y trastorno por atracones.* Madrid: Editorial Médica Panamericana.

Gussinyer, S.; García-Reyna, N. (2008). *¡Niños en movimiento! Guía integral para el sobrepeso infantil.* Barcelona: Ed. CEAC.

Instituto de Salud Pública. Consejería de Sanidad y Consumo. Comunidad de Madrid. (2004). *Prevención de la anorexia y la bulimia en la adolescencia. Información para el profesorado.* Madrid: Autor.

Loth, K.; Neumark-Sztainer, D.; Croll, J. (2009). Informing family approaches to Eating Disorders Prevention: Perspectives of those who have been there. *International Journal of Disorders*, 42, 2, 146-156.

Marina, J.A. (2009). *La recuperación de la autoridad*. Barcelona: Vérsatil.

Ministerio de Sanidad y Consumo. Ministerio de Educación, Cultura y Deporte. Ministerio del Interior. (n.d.). *Nutrición saludable y Prevención de los Trastornos Alimentarios. Propuesta de actividades prácticas*. Madrid: Autor.

Obra social de Caja Madrid. (2008.). *El Guerrero de la salud. La aventura de comer bien*. Madrid: Autor.

Prats, R.; Prats, B. (Coord.). (2004). *Actuacions preventives a l'adolescència. Guia per a l'atenció primària de salut*. Barcelona: Direcció General de Salut Pública. Departament de Salut. Generalitat de Catalunya.

Rojas, E. (2008, 22 de noviembre). La educación de los hijos: cómo hacer atractiva la exigencia. *El Mundo*, 6914.

Rojas, L. (2007). *La autoestima*. Madrid: Espasa.

Ruiz Lázaro, P.J. (2004). *Promoviendo la adaptación saludable de nuestros adolescentes. Proyecto de promoción de la salud mental para adolescentes*. Madrid: Ministerio de Sanidad y Consumo.

Secretaria de Joventut. Departament d'Acció Social i Ciutadania. (2007). *Els trastorns alimentaris a Catalunya. Una aproximació antropològica*. Col·lecció estudis, núm. 23. Barcelona: Generalitat de Catalunya.

Secretaria de Joventut. Departament de Cultura. (1999). *Joventut, imatge corporal i trastorns alimentaris*. Barcelona: Generalitat de Catalunya.

Soldado Mérida, M. (2006). Prevención primaria en trastornos de conducta alimentaria. *Trastornos de la conducta alimentaria*, 4, 336-347.

Tirado, J.R. (2002). Sobre la complejidad de educar en valores para una ciudadanía responsable. Congreso: La ciudad educadora, Málaga, 9-12 de mayo.

VV.AA. (2005). *Padres obedientes, hijos tiranos*. Sevilla: Trillas-Eduforma.

Webs de interés con guías y propuestas de actividades para trabajar con adolescentes y jóvenes

http://alimentacionyvida.org/
www.bcn.es/imeb/dinem/dinemcd.swf
http://contenidos.educarex.es/mci/2005/32/comocomo.htm
www.educacionenvalores.org/
www.isftic.mepsyd.es/
www.lavozdelguerrero.es/
www.msc.es/ciudadanos/proteccionSalud/adolescencia/adolescen-
    tes.htm
www.naos.aesan.msps.es/
www.nensenmoviment.net/
www.obrasocialcajamadrid.es/ObraSocial/os_cruce/0,0,71156_0_0_
    0,00.html
www.primaria.profes.net/educacion_valor.asp
www.rosasensat.org

9 788849 244283 6